U0022175

大專學校教材
各種考試用書

財產保險概要

吳榮清著

學歷：日本慶應義塾大學商學碩士
經歷：中央信託局產物保險處、中國產物
　　　保險公司、中國輸出入銀行等機構
　　　專員、副經理、經理，銘傳管理學
　　　院、文化大學、淡江大學、政治大
　　　學等院校兼任講師、副教授、教授
現職：中國輸出入銀行顧問，銘傳管理學院
　　　、政治大學保險研究所兼任教授

三民書局 印行

國家圖書館出版品預行編目資料

財產保險概要／吳榮清著 .--二刷.--
臺北市：三民，民89
　　面；　　公分
ISBN 957-14-1898-6（平裝）

1.產物保險

563.75　　　　　　　　　　　81001993

網際網路位址　http://www.sanmin.com.tw

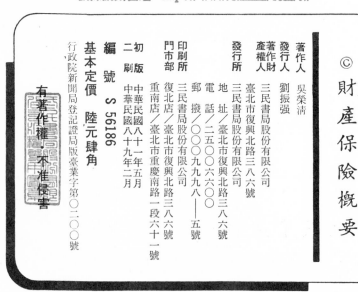

ⓒ 財產保險概要

著作人　吳榮清
發行人　劉振強
著作財
產權人　三民書局股份有限公司
　　　　臺北市復興北路三八六號
發行所　三民書局股份有限公司
　　　　地址／臺北市復興北路三八六號
　　　　電話／二五○○六六○○
　　　　郵撥／○○○九九九八－五號
印刷所　三民書局股份有限公司
門市部　復北店／臺北市復興北路三八六號
　　　　重南店／臺北市重慶南路一段六十一號
初版　中華民國八十一年五月
二刷　中華民國八十九年二月
編　號　S 56186
基本定價　陸元肆角

行政院新聞局登記證局版臺業字第○二○○號

有著作權·不准侵害

ISBN 957-14-1898-6（平裝）

序

　　財產保險，我國保險業界稱爲產物保險。保險法上，財產保險與人身保險爲相對分類。教育部核定大專院校銀行保險系科課程標準，有財產保險或產物保險的課程。本書以財產保險爲名。

　　爲方便未修習保險學的讀者，本書第一章乃爲保險總論，介紹保險基本概念與原理原則，俾資奠立正確的基礎觀念與知識，有助於其後的研習與問題的探討。

　　爲期能讓讀者閱讀一過，即可獲知其內容，敍述力求淺顯扼要，並依其相關性，以適當的段落，使理念清晰分明，而有其系統性。

　　財產保險，甚爲廣泛，本書述其概要。可爲講義，便利教學。

著者謹識

1992 年 5 月

於士林

目　錄

第一章　保險總論

第一節　保險的基本概念

保險是因應偶然事故所引起經濟不安的最佳善後補救措施，亦是利己益人的慈善性經濟行為。

一、經濟不安的發生

個人經濟生活的經營，由個別的經濟主體負責任。在一般通常的情況下，概以其收入應付支出，使收支維持某種程度的均衡態勢，以安定經濟生活。

這種收支均衡態勢，往往因偶然事故（contingent events）的發生而無法維持，以致經濟生活面臨困境，經濟活動或計劃遭受阻礙或破壞，其結果使收入減少，或支出增加，經濟生活的經營，無法獲得預期的效果，而發生經濟不安。

二、偶然事故的涵義

偶然事故，係指一個事故對個別經濟主體，具有下列性質而言：

1.發生與否爲不確定。

2.何時發生爲不確定。

3.發生的原因及結果爲不確定。

具有上述性質的事故，即具有偶然性的事故。作爲保險對象的事故，應具有偶然性。保險契約當事人認爲事故已經發生，或即將發生時，該事故便不具偶然性。

三、偶然事故的種類

偶然事故的種類，不勝枚舉，從下述兩個角度加以觀察，可窺其內容概要：

1.從事故發生的類型以觀

(1)屬於天然方面的事故

例如：地震、颱風、洪水、旱災、海嘯、冰霜、冷害等。

(2)屬於人爲方面的事故

例如：失火、爆炸、碰撞、凶殺、惡意行爲等。

(3)屬於政治或社會方面的事故

例如：戰爭、變亂、革命、罷工、暴動等。

(4)屬於經濟方面的事故

例如：通貨膨脹、生產過剩、資源短缺、經濟蕭條等。

2.從事故發生的對象以觀

(1)屬於人事方面的事故

例如：疾病、傷害、死亡、生育、失業等。

(2)屬於財產方面的事故

例如：火災、竊盜、水害、沈沒、碰撞、戰爭、變亂、冰雹、霜害、蟲害、家畜死亡等。

四、因應偶然事故的對策

偶然事故發生，通常會引起經濟不安。因此，對於偶然事故的發生，以及發生時與發生後的影響，宜採取因應對策。下述三個不同階段的措施，如能善加運用，可作爲良好的因應對策。

1.事前預防

事前防止事故或災害的發生，爲最直接、最徹底而有效的方法。是一種積極性的因應對策。如能充分發揮其效果，事故或災害的發生，可大爲減少。

2.阻止擴大

事故或災害一旦發生，應立即採取必要措施，予以制止、消滅，以避免災害擴大。

3.善後補救

事故或災害發生的結果，對罹災的經濟主體，難免有不利益的影響。爲解除或減輕其不利益影響，需要作適當的善後補救。例如：財物因偶然事故致使毀損或滅失（loss or damage），而遭受損害，需要予以填補（indemnity），使得回復罹災前的經濟狀態，以解除經濟不安。

五、善後補救的方式

善後補救的方式,依其作爲善後手段的費用來源的性質以言，有下列三種：

1.依賴他人力量

即接受他人濟助。諸如：由私人或民間團體給予捐助、救濟，或由政府機構辦理的公共扶助（public assistance）、社會救濟

（social relief）等，予以救助。

這種方式，通常用於罹災者自身無能力善後時。受救助者的自尊心，難免受損傷。在效益上，亦有其一定的限度。

2.憑藉自己的力量

即以自己個人力量，予以善後。例如：運用充裕的自有資金，或儲存物質、儲蓄金錢等，予以善後。惟有充裕自有資金的人，畢竟是少數；儲存物資不易為，而儲蓄金錢則其儲蓄的金額或時間上，未必足以應付善後補救的實際需要。

採用此一方式，自己要具有相當的資力或準備力量，在時間上及效果上才能達到善後補救的目的——解除經濟不安。

3.結合他人力量及自己力量

即以相互協助的力量作為憑藉。當自己遭受災害時，可以此憑藉，獲得救助。自己未罹災而他人遭受災害時，可用以救助他人。

此種方式，由於其中少許一部份力量（費用）為自己所出，其餘大部份力量為他人滙集而成，所以是最為有效的善後補救措施。

六、保險是最佳善後補救措施

將結合他人力量及自己力量作為善後補救措施，予以制度化的，就是保險。因此，保險是最佳善後補救措施。

由於偶然事故的發生，對個別經濟體而言，是無法預測的，因此具有偶然性。但是，對多數集合體而言，却可作相當程度的預測，因此具有必然性。

因為多數集合體所顯現的某種事實或現象，具有相當程度的

確定性，以此確定性可推測將來發生的可能性程度，故可將事故的偶然性，轉變爲必然性。

保險（Insurance；Assurance）係運用該項原理，對解除或減輕經濟不安所需的資金，於事先作適當的準備，事後隨時可以應用的一種制度化補救措施。

七、保險的眞義

保險的眞義，在於利用自己有限的力量，配合他人的力量，結合成團體的力量，以救助自己或他人的經濟準備措施。

當自己罹災時，他人濟助我，而有「人人爲我」（All for One）的功效。自己平安無事，他人罹災時，則可濟助他人，而有「我爲人人」（One for All）的功德。

因此，保險不僅是因應偶然事故所引起經濟不安的最佳善後措施，也是利己益人的慈善性經濟措施。

第二節　保險的限制

若無「偶然事故」存在，即無需要保險，故有「無危險，無保險」（No risk, No insurance.）的諺語。

然而，亦非所有的偶然事故，均可作爲保險的對象。因爲有些偶然事故的性質與內容，以及所引起經濟不安的程度，由於保險在技術上及經營上，有不能克服的實質上困難，而形成保險的一種限制，以致保險的功能，無從發揮作用。

一、技術上的限制

1.無法求得穩定的平均值

保險之所以能夠作爲因應偶然事故所引起經濟不安的一種善後補救措施，其本質爲多數經濟主體釀出合理的分擔金(contri-bution)所產生的功能。

合理的分擔金的計算，係以大數法則(the law of large numbers)爲依據。因此，在保險經營上，對於將來發生偶然事故的或然率(probability)，需要儘可能獲得較爲正確的判斷，才能在穩健經營下，發揮保險應有的功能。

爲獲得可資判斷正確的或然率，對於過去的有關事實，要有完備的統計資料及研究。而且作爲統計對象的偶然事故，其發生的頻率，必須足以求出該偶然事故發生的或然率，才能據以運用。

若偶然事故發生的次數，過於稀少，其或然率將無法顯示事實上可能發生的程度，則難以作適切的運用。換句話說，在保險技術上，即會遭遇困難，以致「合理分擔」的要件，將無法具備。此爲保險技術上的限制。

保險技術上的限制，一旦面臨，將使保險理論及運用，出現缺陷；在保險經營上，或遭遇困難而無法進行，或減少經營效果及保險的機能。

保險技術上的限制，其具體的事實爲無法求得穩定的平均值，亦即或然率。下列事故，均無法求得某一段期間內較爲穩定的平均值。

(1)僅在相當特殊的地區、特殊的人或物，才會發生的事故。

例如：海嘯，僅發生於臨海地區；雹害、霜害，僅發生於農

作物，受害者爲農民；森林的火災，僅發生於山丘林地等。

(2)發生的時期及次數，極爲不規則的事故。

例如：地震、旱災、戰爭、穀物的歉收等。

2.補償制度不是保險

無法求得穩定平均值的事故，在理論上，保險不能成立；在實際上，不能作爲保險對象。惟有時基於政治上、經濟上、社會上的政策需要，亦將這些無法求得穩定平均值的事故，作爲「保險」的對象，以「保險」的形態出現，成爲特殊的「保險」。然而，嚴格以言，其本質並非保險，亦難發揮保險的機能，而是一種補償制度。

補償制度，不是基於「相互協助」的善後補救措施，而是由國庫等機構提供基金或補助金作爲財源，藉以安定事業經營，達成其舉辦目的之一種救濟或補助措施。

由於補償制度有異於保險制度，因此可超越保險技術上的限制。但是，從數理上所顯示的事實，可以預測補償制度的事業經營，難獲致長久性穩定效果。

所以，對於偶然事故的或然率，若無法求得相當程度的正確性判斷，保險難以成立。

二、經營上的限制

在數理上顯示的事業穩定經營所需加入保險的數量，與實際加入保險的數量，不相符合（後者少於前者）而產生的差距，無法予以消除時，即形成保險經營上的限制。

1.保險需求方面的限制

加入保險的需求少，或加入保險的意願低，或無力負擔分擔

金（保險費），致實際加入保險的數量少，難以集結成保險團體（insurance group），則事業經營基礎脆弱。

若有下述情形，對於經營上的限制的形成，具有決定性影響。

(1)事故發生所帶來不利益影響輕微時

事故發生後所引起經濟不安輕微，罹災者自己有能力處理，不需要利用保險作為善後補救措施，因此不加入保險。

(2)事故發生的次數不頻繁時

事故發生，引起相當損害時，可深切感受到保險的用處，能激發加入保險的意願。但是，事故不常發生，戒懼心淡薄，對保險的需求不會強烈，影響加入保險的意願。

(3)事故發生於局部時

事故的發生，侷限於某一個地區的人或事物。亦即從事某種職業的人才會發生的事故，或某種階層的人，或某種物件才會發生的事故，僅該地區的人，或該事物有關的人，有保險的需求。亦即對保險的需求不普遍。因此，加入保險的人數或件數，難達到事業穩定經營所需的數量。其結果，保險團體的機能有限，經營上需要遵循的「危險分散」原則，無以維持，保險成立的可能性，極為微小，形成經營上的限制。

(4)事故發生所帶來的不利益影響，過於重大時

事故發生的次數頻繁，且引起相當嚴重的災害；或在同一時期內，多數的經濟主體皆會遭遇事故；或同一事故，可能使多數的經濟主體遭受災害時；對保險的需求較大，亦有加入保險的意願。但是，保險事業經營者，恐無法承受此等具有嚴重性與普遍性災害的事故。

面對此種情形，其處理方式有二：其一，為不辦理此類保險。

即拒絕承受該等事故及災害。其二，爲提高加入保險的分擔金(保險費) 至合理經營所需要的程度，以免發生虧損，而維持事業的穩健發展。

若如上所述，第一種處理方式，則無保險可言；第二種處理方式，會使加入保險的人，因不堪或無力負擔其分擔金(保險費) 而放棄加入保險。縱使加入保險的人數或件數不受影響 (此爲假設，事實上，殆無可能)，在此種情形下，保險的相互協助的機能與功效，無從產生，亦無保險的意義與效益可言。

　2.保險經營方面的限制

保險機構，有強烈的經營意願與足夠的能力，保險供給自然充裕，可滿足保險需求，保險經營才能日益發展。

經營意願與能力的強弱，受下列外在條件的影響：

⑴需求保險的人數或件數多，並能妥善分散危險，使保險機構得以正常營運，健全發展，自然有強烈的經營意願與足夠的經營能力。反之，則不然。

⑵營運量及營運結果，要足夠利用再保險(Reinsurance)的條件，才能以再保險的方式，分散危險。否則，將因欠缺分散危險的途徑，又無足夠的經營能力，而無法遂行其經營意願。兩者關係密切，往往互爲因果而循環影響。

⑶視保險種類與性質、經營的目的，必要時，由國家或公共團體提供財源爲補助，用以減輕加入保險的個人分擔金(保險費)，而不影響保險機構必要的收入；或者對保險機構經營的虧損，負擔補償責任；則可增強其經營能力與意願。否則，經營上的限制，難以突破。

第三節　保險的本質

關於保險的本質，論說紛紜，並無一致性的定論。大致上，可歸納分類如下：

　　⑴損害說：以「損害」或「危險」的概念為立論點，闡述保險的本質。如填補契約說，分擔損害說，危險轉嫁說，保全財產說等。

　　⑵二元說：就財產保險與人身保險，以不同概念，分別詮釋保險的本質。如人格保險說，人身保險否定說，二元擇一說等。

　　⑶非損害說：着眼於保險的目的，保險的功能，以保險的目的所以能達成，保險的功能所以能產生為概念基礎，探討保險的本質。如技術說，滿足欲望說，儲蓄說，保全經濟說，共同準備財產說，金融機能說等。

一、損害說

㈠填補契約說

　　──保險係一種填補損害契約。

　　I.論說旨趣

　　保險係當事人的一方收受約定的金額，當一定的事故發生，致使他方遭受損害時，予以填補的契約。

　　換句話說，保險係基於收受報酬，即對價(consideration)，而對被保險人(The　Insured)所遭受的損害，由保險人(The Insurer)予以補償的契約。

2.評析

此說係以法律觀點，著眼於契約當事人雙方的關係，將保險視爲塡補損害的契約。

惟實質上，「契約」與「保險」，係必須予以區分的兩種概念。將保險視爲保險契約，顯然有誤。

(1)「保險契約」，只不過是使「保險關係」成立的一種手段而已。但無「保險契約」的訂立，保險關係亦得以成立。「保險契約」，並不等於「保險」，亦非沒有「契約」，保險便不能成爲保險。如社會保險，係依法律規定辦理加入保險的手續而成立保險關係，並無「保險契約」的訂立。

(2)以「損害」的概念說明財產保險，如海上保險，火災保險等，是有適合的一面。這是因爲財產保險的直接目的，在於塡補「損害」。

然而，若以「損害」，此一概念說明人身保險中的生存保險，養老保險等，便極爲不自然。這一類保險，應無「損害」可言，除非將「生存」、「養老」視爲一種「損害」。否則，以「損害」的概念爲解釋，顯得牽強；此不論在人生哲學上或倫理上的理念而言，很難令人接受。

(3)歸結而言，以「塡補損害」作爲一切保險的共同概念，闡述保險的本質，不免偏頗，難期妥當。

㈡分擔損害說

——保險係多數人分擔損害的一種經濟措施。

1.論說旨趣

保險係將來因偶然事故發生，致使個人遭受財產上不利益的

結果,由可能遭遇同一事故而實際上並未遭遇事故的多數人分擔，藉以解除或減輕個人「財產上不利益的結果」的一種經濟措施。

2.評析

(1)「財產上不利益的結果」，涵義較廣。

「損害」，與「財產上不利益的結果」，在實質上的意義，未必有多大差異。但在語意上的範圍，後者的包容性較前者爲廣。「損害」是「財產上」發生「不利益的結果」的一部份或一種情況，並非全部。事故發生，未必有「損害」的顯現或過程，而其結果是引起「財產上不利益的結果」。

(2)本質上係由全體「分擔」。

事故發生，使人傷亡，或使財物毀損滅失，其結果爲國民經濟上的損害。該損害，就遭受者個人而言，「保險」可給予「塡補」；但就全體國民經濟而言，「保險」，並不能使之「消除」，只不過是將「損害」分配給多數人「分擔」，使罹災者獲得彌補而已。

此說，著眼點爲用以塡補損害的資金係來自多數人的分擔金（保險費），惟迴避「損害」一詞，而用「財產上不利益的結果」，有意強調其論據重點，不在於「損害」，而在於「分擔」，這一概念上。

(3)分擔損害說，乃深一層認識到「塡補損害」（前說）的背後，存在著多數人的相互協助的事實。即，大多數人「分擔」損害的結果，使少數的個人的損害，獲得「塡補」。因此，以「分擔」損害的概念詮釋保險的本質，比用「塡補」損害的概念，更爲貼切。

(4)分擔損害說，係以經濟學上的知識爲基礎，而不囿於法律上的解釋，指出保險的本質，爲多數被保險人之間，相互依存的關係，是其卓見。

(5)以「塡補」損害，或「分擔」損害，作爲保險的本質時，如前所述，可用以說明財產保險。但用以說明人身保險，如壯年滿期的生存保險，便顯得不妥切。蓋壯年或身體健康時，保險期間屆滿，領取的保險金，爲被保險人在保險期間所繳付「保險費」的累積。當無所謂「塡補」損害，或「分擔」損害可言。

(6)若不論「塡補」說，與「分擔」說，其著眼點的不同；兩者皆以「損害」爲概念基礎，說明保險的本質，並無多大差別。

(三)危險轉嫁說

──保險係危險轉嫁的一種社會性措施。

Ⅰ.論說旨趣

被保險人將「危險」轉嫁給保險人，即爲保險的本質。

(1)保險是一種「危險轉嫁」

各個被保險人都將自己所承擔的危險轉嫁給保險人，保險人承擔衆多被保險人的危險，而形成團體，又使個別的危險，再轉嫁給團體承擔。保險乃是具有此種群體性、社會性的「危險轉嫁」措施。

(2)危險轉嫁的方式

保險人所承擔的「多數的危險」，並非全部出現，僅其中一小部份的危險成爲事故，使少數人遭受損害。基於此一事實，保險人集合的危險，乃於無形中，又轉嫁給多數的被保險人。其方式；爲被保險人各自付出代表「危險」的少額金錢（保險費），由保險人集聚成鉅額金錢，當少數人遭遇危險時，予以分配適當的金錢，補償其損害，俾資回復遭遇事故前的經濟狀態，以期在經濟上，形同未遭遇危險一般。

2.評析

⑴就表面上看，被保險人的確將自己所承擔的「危險」轉嫁給保險人，而實質上，經由保險人於無形中又轉嫁給其他多數的被保險人承擔，而保險人祇是「危險轉嫁」的運作中心而已，並非真正承擔了被保險人所轉嫁的全部「危險」。此說，著眼於表面而論及實質，見解深入。

⑵就實際遭遇危險的少數人而言，因轉嫁「危險」的結果，其「損害」乃獲得了填補；而其基礎，則爲由多數人「分擔」損害。

多數人「分擔」損害的前因，爲「危險」的轉嫁。對於此說，宜有此一理念上的瞭解。

⑶在理念上，「危險轉嫁」、「分擔損害」、「填補損害」等，各不相同；惟就其結果而言，却無多大差異。若言其關係，可謂：「填補損害」係「分擔損害」的功效，「分擔損害」爲「危險轉嫁」的結果。

⑷值得注意之處，爲這種集合多數危險，再加以分配的理念與技術。這一點，事實上是保險制度得以建立的基礎。也是對保險應有的基本觀念。

㈣保全財產說

——保險係保全財產的一種措施。

Ⅰ.論說旨趣

財物用以滿足人的欲望。爲使財物得以處置，而以金錢予以評價，則爲財產。財產的保全，可安定經濟生活。

保險係保全財產的一種手段。當財產遭受損害時，必要予以

補全，爲此所需要的費用，由保險予以供應，而發生其經濟效益。財產能長久確保，可維繫欲望的滿足。保險具有此一特別的機能。

　　2.評析

　　⑴此說，著眼於被保險人獲得保險的益處，以被保險人加入保險的目的爲立論點。但仍不離開「損害」的概念。

　　⑵財產得以保全，來自損害獲得填補，就此一事實而言，「保全財產」與「填補損害」，二者的說法，實質上並無二致，僅是著眼處不同而已。「填補損害」是一個手段，「保全財產」爲其結果。

㈤結語

　　綜合上述四種說法，歸結以言，「危險轉嫁」、「分擔損害」、「填補損害」、「保全財產」等，彼此互有前因後果的循環性聯結，以及目的、方法與效能的關聯性。圖示如下：

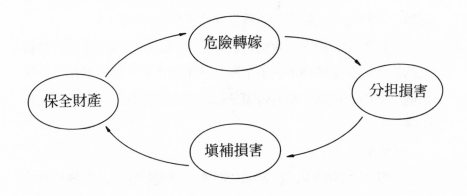

二、二元説

　　以「損害」的概念，闡述財產保險，大致上還能適合。但是，

對人身保險的詮釋，則未盡合適。因此，不贊成前述四種說法的論者，有將「損害」的一般涵義，作更廣汎的解釋，用以詮釋人身保險（下述㈠）；亦有將「損害」的涵義，依從一般的概念，予以解釋的結果，以否定的方式，剖析人身保險（下述㈡）；還有主張需以不同於「損害」的概念，詮釋人身保險才合適（下述㈢）。

㈠人格保險說

——人身保險應包括精神上的損害。

1.論說旨趣

因人事上的事故引起財產上的損害，固然應給予補償，對於精神上的損害，亦應給予補償。後者的意義，甚且重於前者。補償不宜僅以財產上的損害爲限。

⑴人身保險，除對經濟上（財產上）的損害，給予補償外，對精神上（人格上）的損害，亦應給予補償，使生活的全部內涵和諧，人格的發展健全。此爲保險的本質。

⑵經濟上的損害，會使物質生活失調，甚至發生窘困。精神上的損害，會使精神生活不平衡，甚至使人格上發生缺陷。爲使整個生活內涵和諧，兩者皆須兼顧。則人身保險，宜稱爲「人格保險」。

2.評析

⑴精神上的損害，有起因於財產上遭受損害的，有純粹精神上遭受打擊而直接引起的。起源於經濟上原因的，或許可用經濟價值，予以評估，亦可能因獲得經濟上的補償，而解除或減輕損害。但是，純粹精神上原因的，在技術上，無法用經濟價值，予以評估；在理論上，應該不能用經濟上的方法，予以補償。

(2)純粹精神上的損害，以經濟上的方法，予以補償，未必有效果，則其意義盡失。若就物質生活與精神生活，為人類生活的兩個不同層面的論者而言，純精神上的損害，理當不允許以經濟價值（金錢），予以評估。

(3)實際上，人身保險對於精神上的損害，並未予補償，而以此不存在的「事實」，作為論述的一部份，且認為是保險應有的一部份，難以詮釋保險真實的本質。

(二)人身保險否定說

——人身保險，不是保險。

1.論說旨趣

「損害」一詞的涵義，即使作廣義的解釋，為包括經濟上及精神上的損害，亦不能用以詮釋人身保險的本質。因為，人身保險所具有的「填補損害」性質，極為稀少。若固執於「損害」的概念，其結論勢必認為人身保險不是保險。

就國民經濟的觀點而言，人身保險係一種以現在的支付，購買將來的給付的契約，只不過是一種儲蓄或投資而已。換句話說，人身保險欠缺保險的性質，僅是約略具有保險的形式罷了。所以，並非真實的保險。

2.評析

(1)此說，雖不以「填補損害」或「分擔損害」作為論點，探討保險的本質，依然離不開「損害」此一概念的窠臼。換句話說，雖欲擺脫「損害」的概念，但實質上又受其影響與羈絆。於是，想改變另一個角度，以不同的理念來剖析保險的本質。因此，其論點，顯然著眼於「給付」的相對關係上，並以給付的相對關係，

非保險所特有，而不認為人身保險是「保險」。

　　(2)立論點，停止於保險本質的外表上觀察，並未觸及內部。人身保險的給付關係，與其他具有同樣給付關係的契約，在實質上及其基礎與要件上，迥然不同。屬於儲蓄性質或投資性質的人身保險，（例如：附有傷亡給付契約的生存保險或儲蓄保險），依然具有「填補損害」或「分擔損害」的性質。

(三)二元擇一說

　　——保險係以填補損害或給付為目的之契約。

　　I.論說旨趣

　　由於無法找出可作為財產保險與人身保險所共通的概念，因此應該用不同的概念，予以說明。

　　人身保險係以給付一定金額為目的之契約。財產保險係以填補損害為目的之契約。

　　人身保險與財產保險的本質不盡相同，無法用「損害」、「危險」或「經濟上的不利益」等概念，對保險契約下統一性的定義。即使用「保險人的給付為不確定」或「作為給付條件的事故為不確定」等概念亦然。

　　2.評析

　　(1)事實上，要對保險契約（人身保險及財產保險）下定義，作一般性的詮釋，確有困難。因此，以不同的概念說明人身保險與財產保險，以免牽強而不週延的缺陷，亦有其見地。

　　(2)就經濟上的概念而言，將財產保險與人身保險，通稱為保險，並無不可。惟在法律上，要探求兩者之共通性，將會發現其困難。故亦宜予以分開，尤其制定法律條文時為然。

三、非損害說

以「損害」的概念，詮釋保險的本質，有其缺陷，乃從保險所能達成的目的或功能上，加以探討。但當其與「損害」的概念相關聯時，不論將「損害」的意義，作如何解釋，都不是很週全，仍然欠缺妥切性。

因此，摒棄保險的目的或功能的觀點，從其他截然不同的觀點，探求保險的本質。

(一)技術說

—— 保險需要特殊的技術，爲其特質。

Ⅰ.論說旨趣

從保險的功能探求保險的本質，極爲困難。須從不同的角度，觀察其特性，據以剖析，始能顯現其本質。

(1)保險需要特殊的技術，是其特性，此爲保險的本質。

保險係由可能遭遇同類事故的多數人形成保險團體，估計事故發生的比率，即或然率；以或然率爲基礎，計算各成員應分擔的費用，即分擔金；依或然率計算分擔金，需要特殊的技術；此爲保險的特性。

(2)保險的經營，決不能缺少保險費準備金。

此項準備金，爲保險人實際應支付保險金的總額，並且需與全部純保險費收入總額相等。計算準備金，亦須依賴特殊的技術，以求保險費與危險的平均值。故保險的特性，在於運用特殊的技術，計算適當的準備金。

2.評析

⑴以保險技術上的特性爲論據，有其獨特之處。然而，由於忽視保險的功能，以致使人認爲保險與賭博、彩券等，在經營上並無多大差異，皆需要特殊的技術。因此，不能僅以技術的特殊性，作爲保險的特性。

⑵由於偏向技術的觀點，而忽視保險的團體性、互助性等內涵。保險係安定經濟的一種憑藉，此一機能與效益，不可忽略。而賭博、彩券等，與保險相互對立，不能相提並論。

⑶以技術爲論點，忽視保險的內涵與功能，其保險的概念，乃不十分明確，爲此說的明顯缺陷。

㈡滿足欲望說

——保險係爲滿足經濟上的欲望。

1.論說旨趣

從經濟學上的見解，探求保險的本質，認爲「塡補損害」，終究是「經濟上欲望的滿足」而已。而且「經濟上欲望的滿足」遠較「塡補損害」，更爲根本。

⑴保險係以事故發生，引起偶發性欲望，爲滿足該欲望所需資金，可以最少的費用，且十分確實的取得，爲目的之一種措施。

⑵保險係將未來的偶發性不確定的需求，分配多數人的一種手段。亦即有遭遇同樣威脅的多數經濟單位，依從合理的經濟交換原則，爲未來作準備，而形成團體組織，相互滿足可計量的偶發性需求（指財產上或貨幣上）的一種經濟措施。

需求的滿足，其結果，經濟上欲望可獲得滿足。

2.評析

⑴論說的概念基礎。

人類的欲望，有屬於「現在的欲望」，與屬於「將來的欲望」。

對於「現在的欲望」，處理方式有二：①摒棄滿足的意念，②設法獲得滿足。

對於「將來的欲望」，處理方式有三：①漫然等待其發生，②事先防止其發生，③準備可以獲得滿足的手段。

「欲望」與「滿足的手段」，兩者間的關係，對於經濟生活的影響，情況有三：①「欲望」與「滿足的手段」，維持不變的關係。②兩者間的關係，變爲有利。即「滿足的手段」增加。③兩者的關係，變爲不利：(A)「滿足的手段」不變，「欲望」增加，(B)「欲望」不變，「滿足的手段」減少。

就一般而言，對於「現在的欲望」與「將來的欲望」，皆須講求「滿足的手段」。要滿足事故發生所引起的欲望，祇靠單純的儲蓄，作爲一種因應的準備(手段)，顯然不適當。必須依據或然率所顯示的理念，將同種類的情況，集合成多數，作有組織的儲蓄爲憑藉，此即保險。

(2)認爲「經濟上欲望的滿足」，遠較「塡補損害」更爲根本，乃摒棄「塡補損害」的概念，而用「經濟上欲望的滿足」的概念，闡述保險的本質，作一元化的說明。

(3)對保險的技術上特性，即訂定保險費率的基礎，團體的形成，相互協助的機能等，加以闡述，有卓越的見解。惟事故的發生，未必會引起需求。例如，生存保險於保險期間屆滿時，未必有金錢上的需求。因此，依然難以一元化的概念，作完整無缺的詮釋。

(三)儲蓄說

—— 保險係一種組織化的儲蓄。

1.論說旨趣

保險係所得當中的一種儲蓄，即對於「將來的欲望」所需要部份，作保存儲蓄。

⑴保險成立的根本原因為經濟的不安定。

對於現在及將來的一切欲望，希求獲得滿足的意念，支配著經濟活動。滿足欲望的規律性行為，表現在「財物」的獲得，或其作為手段的「所得」的取得。「所得」的取得，會因將來的偶然事故發生而動搖。因此，必要作適當的經濟準備。保險即是一種經濟準備，在國民經濟上的意義，係一種儲蓄。

⑵保險係利用偶然性，以團體組織排除偶然災害，所作的儲蓄。

保險為袪除因經濟不安所作儲蓄的不完備性缺陷，乃利用經濟上的「不安」，將儲蓄的負擔，分攤給有同樣「不安」的多數經濟體承受。以此結合的組織體，利用其偶然性，而能取得兼顧低廉與安全的方法，使儲蓄成為保險。

2.評析

⑴對於將來可能發生的經濟不安，以單純的儲蓄，作為準備對策，在效果上往往不能獲得預期的保障。因此，利用對於經濟上「不安」的顧慮與需求，將多數人置於有組織的狀態下，以團體的力量，解除或減輕少數人的「不安」，遂顯出保險的特性與功能。

⑵以保險作為確保「所得」的一種手段的說法，在人身保險較多可切合的，但在財產保險則難謂妥切。

⑶以「經濟上的不安」，作為保險得以存在的理由，可以說是

一種獨到的見解。不過，若以儲蓄係爲因應經濟上的欲望而言，與「滿足欲望說」有共通之處。

㈣保全經濟說

—— 保險係對不確定的將來作經濟準備。

1.論說旨趣

一切保險所共通之目的，並非對特定事故（保險事故）所引起不利益的結果作準備，而是對於可能的損害或需求，希望獲得保障的一般性考慮。換句話說，人之所以要加入保險，乃基於「對不確定的將來，能獲得經濟上保障的動機」，而作「未來的一般性準備」。

2.評析

保險可以使將來的欲望獲得滿足，此一效果，爲此說的著眼點。因此，認爲加入保險的目的，在於能夠獲得保障，亦爲其動機。此一說法，甚爲實際，在理念上則較爲突出。

㈤共同準備財產說

—— 保險係共同準備財產的一種措施。

1.論說旨趣

保險係爲了安定經濟生活，乃結合多數經濟主體，依從大數法則，在經濟上作成共同準備財產的一種措施。

⑴使所得減少或支出增加的事故，多發生於偶然。偶然事故的發生，就個體而言，具有偶然性，而依從大數法則，得將偶然性事故，賦予必然性；因此，對團體而言，具有必然性；此爲保險得以成立的基礎。

(2)要依從大數法則，積蓄金錢上的價值，作成準備財產，單獨的個體難以進行。必須集合多數的個別經濟主體，集結成團體，向各成員收取分擔資金，加以集聚，而作成共同的準備財產，由保險人管理運用。此種經濟措施，即爲保險。

2.評析

從經濟上的觀念，探求保險的本質，自然與法律上的觀念不一致。此說，在本質上，屬於「保全經濟說」。又，共同準備財產是保全經濟的方法，因此兼具有「技術說」的內涵。

㈥金融機能說

—— 保險係融通資金的一種措施。

1.論說旨趣

保險係對經濟不安作善後的一種對策。在貨幣經濟的社會，一切經濟活動的結果，藉貨幣的收入與支出顯現出來。所以作爲經濟不安的善後對策的保險，當以調整貨幣的收入與支出爲目的，而具有金融機能。

因此，保險係使這些以安定生活爲目的之多數經濟主體，彼此之間，間接在內部相互融通資金之一種措施。

2.評析

(1)保險金的支付或保險費的收受，似不能稱之爲金融。對所謂金融一詞的概念，並非指單純的貨幣流動授受，應解釋爲資金的融通，資金的貸借，因此必然附隨著利息觀念。準此以言，難謂保險係一種金融措施。

(2)對於社會保險等，採取醫療給付之類實物給付方式的保險，以金融機能來說明，難免有偏失的缺陷。

第二章 財產保險緒說

第一節 財產保險的意義

一、財產保險的名稱

財產保險(property insurance)，或稱產物保險。

偶然事故，或發生在人身上，或發生在財物上，其結果，多會造成損害。為填補損害，各有其保險措施。前者，屬人身的保險；後者，屬財物的保險。此即保險分類上，以偶然事故發生的對象為基準的一種分類。

財物的保險，我國保險法稱為「財產保險」；保險業界則稱「產物保險」。日本商法與保險業界，都稱為「損害保險」(loss insurance)。

「損害保險」與「產物保險」，在業務經營上，由於法律規定不盡相同，其業務類別的範圍，並不完全一樣。例如，經營損害保險業務的保險業，可辦理「海外旅行傷害保險」之類保險；而「產物保險」業，則不可辦理。

二、財產保險的意義

無「有體物」存在，便無「財產保險」。

偶然事故發生於財物上，結果會造成損害，是因爲有「有體物」存在。若無「有體物」存在，偶然事故就無從發生；即使發生，亦不會造成損害；自毋須「財產保險」。

就此概念而言，財產保險的意義，可作概括性敍述如下：

財產保險，係以可能毀損或滅失的有體物，作爲保險標的物，當保險標的物發生保險事故，致使被保險人遭受損害，而該損害爲保險標的時，保險人塡補其損害，藉以解除或減輕經濟不安的一種保險。

第二節　財產保險的分類

財產保險的分類，有保險法上的分類，與實務上的分類。從分類的內容，可以瞭解財產保險的範圍。

一、保險法上的分類

我國保險法，計有六章。依次爲「總則」、「保險契約」、「財產保險」、「人身保險」、「保險業」、「附則」。由此，可看出保險法，將保險分爲「財產保險」與「人身保險」兩大類。

保險法上，「財產保險」分爲六項：(1)火災保險，(2)海上保險，(3)陸空保險，(4)責任保險，(5)保證保險，(6)其他財產保險。各項保險，都有定義性的規定，內容如下：

1.火災保險

火災保險人，對於由火災所致保險標的物之毀損或滅失，除契約另有訂定外，負賠償之責。(70 條)。

2.海上保險

海上保險人對於保險標的物，除契約另有規定外，因海上一切事變及災害所生之毀損、滅失及費用，負賠償之責。(83 條)。

3.陸空保險

陸上、內河及航空保險人，對於保險標的物，除契約另有訂定外，因陸上、內河及航空一切事變及災害所致之毀損、滅失及費用，負賠償之責。(85 條)。

4.責任保險

責任保險人對於第三人，依法應負賠償責任，而受賠償之請求時，負賠償之責。(90 條)。

5.保證保險

保證保險人於被保險人因其受僱人之不誠實行爲或其債務人之不履行債務所致損失，負賠償之責。(95 條之 1)。

6.其他財產保險

其他財產保險爲不屬於火災保險、海上保險、陸空保險及責任保險之範圍而以財產或無形利益爲保險標的之各種保險。(96 條)。

二、實務上的分類

實務上，不以「財產保險」爲名，而以「產物保險」稱之。

「產物保險」分爲「火災保險」、「海上保險」、「意外保險」等三類。日本保險業，將「損害保險」分爲「火災保險」、「海上保險」、「新種保險」等三類。

日本的「新種保險」，指在發展的時間上，較海上保險、火災保險為晚的保險種類。因此，凡不屬於原有「海上保險」或「火災保險」的新保險種類，均歸屬於「新種保險」。

我國使用「新種保險」一詞時，係指新開辦的保險種類。在分類上，可能大多歸屬於「意外保險」；但也有屬於「火災保險」或「海上保險」的。

「意外保險」，美國稱 Casualty Insurance，英國則稱 Accident Insurance。

「意外保險」種類很多。我國產物保險業所經營的意外保險，有飛機機體保險、飛機責任保險、汽車保險、電視機保險、玻璃保險、現金保險、竊盜損失保險、電梯意外責任保險、公共意外責任保險、僱主意外責任保險、營繕承包人公共意外責任保險、飛機場責任保險、高爾夫球場責任保險、醫師業務責任保險、住宅抵押貸款償還保證保險、員工信用保證保險、產品責任保證保險、營造綜合保險、安裝綜合保險、機械保險、鍋爐保險等。保險種類，隨著社會的需要，將與日俱增。

第三節　財產保險的概念

一、保險標的物

作為保險事故發生的客體的有體物即為保險標的物。

財產保險，以有體物為保險標的物。保險標的物發生保險事故，係保險人對其損害，負賠償責任的前提條件。

損害起自於有體物的毀損、滅失、或發生事故。如空無一物，

偶然事故無從發生，亦無損害，自無保險可言。

保險的目的，在於塡補損害，因此以有體物作爲保險標的物 (subject-matter insured; subject-matter of insurance)。

例如：船舶保險，以船舶爲保險標的物；貨物保險，以貨物爲保險標的物；汽車保險，以汽車爲保險標的物；火災保險，以建築物、衣物傢俱爲保險標的物。

二、保險標的

用來作爲保險契約之「標的」的保險利益，即爲保險標的。亦即保險契約所保障的損害。

財產保險的被保險人，對保險標的物必須具有保險利益(insurable interest)。

被保險人對保險標的物，無保險利益存在，便不會遭受損害。旣無損害，保險人亦無賠償責任。簡單地說，實際上，並無「損害」可爲賠償。

保險利益，依存於保險標的物，無保險標的物，即無保險利益。無保險利益，即無保險標的可言。

同一人對同一保險標的物，可能具有多種保險利益。同一保險標的物，可能有二人以上具有保險利益。各人以其保險利益，作爲保險契約之「標的」時，該保險利益，即爲「保險標的」(subject of insurance)。

因此，同一個保險契約，可能有兩個以上的保險標的。每一個保險標的，代表一種損害。

三、保險事故

偶然事故發生，致使被保險人遭受損害，保險人依保險契約規定，對其損害負有賠償責任的，該偶然事故，即為保險事故。保險事故引起損害，乃保險人負賠償責任的先決條件。

偶然事故的範圍相當廣泛。在保險經營上，不能將所有偶然事故，都包括在一個保險契約上的承保範圍內。換句話說，只能將一部份偶然事故，列在一個保險契約的承保範圍內。列在承保範圍內的偶然事故，即為「保險事故」。或稱「被保險危險」(perils against insured)；就保險人而言，可稱為「承保危險」。

保險標的物之毀損或滅失，必須是「保險事故」所致的，保險人才有賠償責任。因此，「保險標的物，因保險事故，致毀損或滅失」，是保險人負賠償責任的先決條件。

四、被保險人

被保險人，係保險標的物發生保險事故而毀損或滅失時，會遭受損害之人。在財產保險，被保險人對保險標的物，必須要有保險利益。因此，依保險契約可以向保險人請求填補其損害。保險法（第4條）規定，所謂被保險人，指於保險事故發生時，遭受損害，享有賠償請求權之人。

要保人對保險標的物，毋須要有保險利益。要保人亦為被保險人時，當以「被保險人」的契約地位，行使其請求賠償權利。準此以言，保險法上（第3條），「要保人對保險標的（物）具有保險利益」之規定，對財產保險而言，並無意義，徒增實務上的困擾。

第三章　火災保險

第一節　火災保險的承保危險

一、火災危險的確定

　　火災(fire)，是火災保險(Fire Insurance)的主要承保危險。

　　保險標的物，發生火災而毀損或滅失，致使被保險人遭受損害，保險人負賠償責任。反之，若不是「火災」所致的，保險人不負賠償責任。因此，對於是不是「火災」的確定，關係到保險人有無賠償責任，亦即被保險人能不能請求賠償的決定。

　　關於保險標的物所發生的危險事故，是不是「火災」，在認定上，有兩種情形：

　　(1)與「火災」危險，顯然不同的。

　　例如：颱風，地震，洪水，爆炸，碰撞等。

　　這些危險事故，一般人都很容易確定，不是「火災」。

　　(2)與「火災」危險，在現象上，或一般人的觀念上，相關聯的。

　　例如：馬達使用過久，發生冒煙的現象，說是馬達「燒」掉

了；點燃的香煙，觸及衣物，「燒」成一個洞等。

這一類危險事故，在現象上，與「火災」，或相關聯，或爲共通；在觀念上，與一般人的語意，或通俗用語混同。如房屋發生「火災」時，或說：房屋發生「火燒」了，或說：房屋「燒」掉了。則與上例的馬達「燒」掉了，衣物「燒」了一個洞，在觀念上，都是被「火」，「燒」掉的。

因此，這一類危險事故，在是不是「火災」的確定上，被保險人較易與保險人發生爭議。所以，對於作爲火災保險的主要承保危險的「火災」的意義，必要加以確定。

二、火災危險的要件

火災保險所稱的火災，並非從自然科學觀點，予以下定義，而是以社會一般共通的觀念來解釋。依一般對火災的通俗概念，及保險經營上的要求，火災保險所承保的火災，應具備下列三個要件：

1.要有燃燒現象存在

這裡所說的燃燒，是以一般人的認識與概念爲準，不需要作專門性的解釋。火災應有燃燒現象存在，乃當然之事。如無燃燒現象，僅有高熱、煙燻，即非「火災」。

燃燒的直接作用，爲將財物燒燬；間接作用，爲隨著燃燒而產生的煙燻、高熱、蒸氣、臭氣等，致使財物受損害，以及燃燒引起的倒塌。

2.必須是異常的燃燒

異常的燃燒，即具有偶然性的燃燒。偶然性的燃燒，指發生燃燒爲非故意的，異常的；燃燒的處所，非爲使用火而存在的設

備上 (瓦斯爐、煤油爐等) 或場所 (爐灶等)；燃燒的情況及結果，違反通常使用火的正常目的與意義而言。

異常的燃燒，會造成災害，故謂敵火 (hostile fire)，或非善火 (unfriendly fire)。例如：不小心引起火災；爐灶的火，逸離到爐外燃燒，擴延他處，燒燬財物等。

3.燃燒本身具有蔓延擴大能力

異常的燃燒，如本身無擴大燃燒的能力，容易自行熄滅，則不能稱爲火災。

例如：煙蒂將毛毯或衣物燒成一個洞，其後即自行熄滅，雖有焦損，但非火災保險所稱火災。

三、火災危險的意義

綜括以言，所謂火災，係指在非生火設備或處所，發生燃燒，或從一定的生火設備或處所，逸離在他處燃燒，其燃燒本身具有擴大能力，同時燃燒的發生，原非爲特定的正常目的，因而其燃燒的結果，造成損害。一言以蔽之，是一種具有偶然性的異常燃燒。

偶然性，一般多指其發生燃燒爲非故意的，異常的；同時，卻也包含燃燒本身雖屬故意，但燃燒造成的損害，對於當事人而言，卻屬意外的情況在內。

在保險契約上，火災危險須界定其意義，俾資研判保險人有無賠償責任，與賠償損害的範圍。

四、火災保險的承保危險

火災保險，以「火災」爲主要承保危險。惟保險人基於經營

上的考慮或需要，乃將若干與「火災」有關聯的「危險」或「損害」，在保險契約上，亦列為承保危險。其主要內容概要如下：

1.閃電及雷擊所致損害

閃電及雷擊，可能引起火災而造成損害，也可能並未引起火災，而為雷擊直接造成損害。原則上，火災保險僅承保火災所致損害。

實際上，當閃電及雷擊，引起火災，兩者都造成損害，要個別估計損害金額，甚為困難，乃對全部損害，負賠償責任。閃電及雷擊，乃被稱為「類似火災危險」。

2.爆炸引起火災所致損害

爆炸與火災，危險性質不同。但將爆炸引起火災所致損害，也當作是火災的另一種損害，而列為承保危險。不過，爆炸所致損害，保險人不負賠償責任。

若將爆炸列為不承保危險，則不論爆炸有無引起火災，所有損害，保險人都不負賠償責任。

3.特定用途的爆炸所致損害

爆炸所致損害，基本上，不負賠償責任。惟有二個例外：(1)家庭用的鍋爐、電器用具、煤油爐等爆炸所致損害。(2)家庭用、照明用、取暖用的煤氣爆炸所致損害。

4.救護保險標的物所致損害

發生火災時，為救護保險標的物，致使保險標的物發生毀損所致損害。

第二節 火災危險所致損害

一、直接損害與間接損害

火災危險所致損害，可分爲直接損害與間接損害。

間接損害，大致上可分爲兩類：

⑴商品、貨物本身發生損害。

例如：發電室因火災而燒燬，致使冷藏設備失去效用，冷藏中的魚、肉、蔬菜、水果等物品，發生腐壞或變質；或正在製造中的原料或製品，因製造作業停頓，而受損或變質等。

⑵發生火災的結果，使依存於財物的利益喪失。

例如：商店、工廠，發生火災，營業中斷，生產中止，使店主、廠主不能獲得預期利益；或房屋發生火災，房東無法繼續收取租金等。這類損失，均屬間接損害(consequential loss)。

保險人，原則上，僅對直接損害，負賠償責任。間接損害，除保險契約上，有約定者外，不在承保範圍內。

二、損害與賠償範圍

火災保險人，對火災危險所致損害，負賠償責任的範圍如下：

1.保險標的物被燒燬的損害

即保險標的物，被火直接燒燬所致損害。這類損害，是火災所致損害中，最主要部份。

保險標的物，有動產與不動產。衣物傢俱，商品，貨物，原料，生財器具等，屬於動產。建築物，機器設備，房屋內部裝修

等，屬於不動產。

2.隨著火災必然會發生的損害

即隨著火災必然會發生的高熱、煙燻、蒸氣等，所致保險標的物之損害。

這類損害，包括保險標的物發生火災所引起的損害；鄰接保險標的物之建築物發生火災所引起的損害；作為保險標的物之建築物，因發生火災而倒塌時，其本身的損害，及動產（保險標的物）因倒塌所致損害；鄰接保險標的物之建築物，因發生火災而倒塌，致作為保險標的物之建築物或動產遭受損害等。

3.為防止或減輕損害，採取必要措施所致損害

即為了消防，施用滅火藥品、沙石、灌水等，致保險標的物遭受損害；或為了防止延燒，搶救財物，而拆除火路，進行消防，致建築物遭受破壞，動產遭受污損、破損、水漬損等損害。

這類損害，不論保險標的物發生火災所引起的，或其鄰接的財物發生火災所引起的，保險標的物一旦遭損害，即是。

第三節　火災危險的內容

一、火災危險的內容

火災危險的內容，從火災發生的情形(原因)，及遭受損害的情形(結果)，加以觀察，涵蓋著(1)發火危險，(2)延燒危險，(3)燃燒危險，(4)毀損危險等四部份。

(1)發火危險(ignitability)

發火危險，指財物本身發火引起火災的危險性而言。

　發火原因，大致上有四種情形：

　⑴失火：因人的過失所引起的火災。例如：因使用油爐、蠟燭等，疏忽引起火災；煙囪設備不當，電線走火等，引起火災等。

　⑵自燃：因自然力的作用引起的火災。例如：落雷起火，自燃起火（如生石灰、黃燐、煤炭、蔗渣），摩擦起火（如樹木、火柴、機器軸）等。

　⑶放火：即故意縱火。原因有竊盜、洩恨、湮滅罪證、惡作劇、精神病患、圖謀保險金等。

　⑷無名火：即無法查證原因的火災。

　發火危險的程度，依物品的性質，可分爲普通危險(common hazard)，與特別危險(special hazard)。前者，以住宅、衣物、傢俱等爲代表；後者，如汽油、火藥等，易發生火災、爆炸。

　發火危險的決定因素，以該地區的生活起居、飲食習慣、風俗習慣、宗敎信仰、道德觀念、物質文明，自然環境等情事爲主要。

　諸如：無放鞭炮習俗的地區，不會因放鞭炮而引起火災；不使用瓦斯設備的地區，不會因其設備的缺陷，或使用不當而引起火災；不亂丟未熄滅煙蒂的地區，不會因煙蒂而發生火災；道德觀念強烈的地區，放火的比率較低。

　2.延燒危險(exposure hazard)

　延燒危險，指財物被延燒而發生火災的危險性而言。

　延燒，係發生於某一地點的火災，蔓延至鄰接的建築物，或附近的建築物的情形。可分爲內部延燒(internal exposure hazard)，與外部延燒(external exposure hazard)。

　內部延燒，爲同一建築物內部的延燒。例如：一樓起火，延

燒到二樓；大商場內，餐廳起火，延燒到同一層樓的服裝店等。

外部延燒，為由一個建築物延燒到另外一個建築物。人口密集的城市，外部延燒的危險性較大。不僅延燒鄰接的建築物，亦可能因飛火而延燒到距離火場數十公尺遠的建築物。

風勢強大時，當火災發生到相當程度，足使附近的氣壓發生變化，氣流雜亂，增加風速，使延燒擴大，則可能造成大火災（conflagration; sweeping fire）。

3.燃燒危險（combustibility）

燃燒危險，指財物被燒燬的危險性而言。

財物被燒燬的危險性大小，以燃燒的程度輕重而定。燃燒的程度，決定於火力的強弱、火災擴大範圍的大小、價格集聚密度的大小。

⑴火力的強弱：燃燒快、溫度高的，火力強、燒燬大。如油類、燃燒性強的藥品、建築材料等，易引起強烈的燃燒，亦易擴大火勢，擴大損害。

⑵火災擴大範圍的大小：建築物的面積愈大，其火災擴大的範圍愈大。易燃的物品或建築物（如木造房屋），火災範圍容易擴大，耐火建築物，耐火力強，不易燃燒，若又有防火窗、防火牆、防火門，則可防止火災擴大。

⑶價格集聚密度的大小：財物的價格高，集聚的密度大，遭受損害亦大。即同樣大小的火災，因單位面積上所集聚的物品價值的高低，受損害的程度（金額），亦不相同。

4.毀損危險（damageability）

毀損危險，指隨著火災，財物被毀損的危險性而言。

諸如：高熱、煙燻、焦損、消防水漬、污損、拆除、破損等，

使動產或建築物及其裝修受損害。

此類損害，非因燃燒直接所致損害，卻是財物發生火災，所難以避免的損害。

二、分析火災危險的目的

上述火災危險的內容，係一般性的觀察與分析。旨在了解保險標的物發生火災的可能性，及發生火災可能受損害的程度。

保險人於訂立保險契約之前，對於保險標的物的火災危險，需要加以分析，以便作下列決定時，可爲參考或依據：

(1)決定是否訂立保險契約。

(2)釐訂保險費率。

(3)決定該保險標的物之自留額。

(4)決定該保險標的物之保險金額。注意避免超額保險；必要時，勿接受足額保險。

(5)按各保險標的物性質分類，編製費率、損害統計資料。

火災危險，隨著工業的發達，新工程的出現，隨時發生變化，產生新的危險。隨時分析危險的內容，估計其危險性，可促進保險事業的發展。

第四節　火災危險的估計

保險標的物之火災危險，或從相關的具體事物，加以評估；或從相關的道德情況，加以觀察；估計危險性的大小。前者，爲實體危險；後者，爲道德危險。

一、實體危險

1.實體危險的意義

火災危險內容的分析，偏向於理念上的瞭解。若要具體化的估計保險標的物之危險性，並爲表示，須將火災危險內容，與其相關的具體事物，加以歸納，確立其關聯性，然後以具體事物的狀況或條件，代表火災危險內容的全部或一部，估計其危險性的，即爲實體危險(physical hazard)。

與火災危險內容，相關的具體事物，主要項目有(1)保險標的物所在地，(2)建築情形，(3)建築物的使用性質，(4)周圍環境，(5)私設消防設備等。保險人以這些具體的事實狀況爲依據，估計火災危險。這些具體事物的狀況，即估計實體危險的主要要素。

實體危險的估計，可資決定是否承保、保險費率、自留額、保險金額等，有關事項。

2.實體危險的估計

估計實體危險的有關要素，能從客觀的立場，加以觀察衡量，獲得較具客觀性與可信度的認定結果，所以又稱爲客觀因素。主要項目如下：

(1)保險標的物所在地(locality)

保險標的物所在地的社會環境及自然環境，與火災危險的大小，有密切關係。

社會環境，指下列情況而言：

①消防隊組織、訓練、裝備、自來水、電話、火災警報器等設置情形。

②建築法規及都市計劃實施情形。

③一般建築物的狀況及密度，道路的寬窄、河川公園的配置情形。

④對於電氣、煤氣、爆炸物、易燃性物品的管理及其法規實施情況。

這些事物，與延燒危險、燃燒危險、毀損危險及發火危險，都有密切關係。

自然環境，指寒暑、風力強弱、乾濕雨晴等，自然界的氣象而言。

寒冷用火機會多，乾燥易起火，火勢強燃燒快，風力強火勢易擴大。對發火危險、延燒危險、燃燒危險，都有很大的影響。

(2)建築情形(construction)

建築物的屋頂、牆壁、屋樑、架柱、樓板、樓梯的材料，及結構、高低等，建築材料及構造，與燃燒危險、延燒危險、毀損危險等，有密切關係。

鋼筋水泥、鋼骨水泥等，耐火建築物，較木造之類，非耐火建築物，火災危險小。

建築情形，是估計危險的主要要素之一。

(3)使用性質(occupancy)

建築物的使用性質不同，火災危險的大小亦異。

例如：住宅、餐廳、倉庫、廠房，其發火危險各異。

不同種類的工廠，使用的原料、動力、機器、照明、暖房、乾燥設備，製造過程等不相同，火災危險大小亦不一樣。

建築物內所置存的貨物，與發火危險，燃燒危險有關係。置存酒精、汽油、火藥等危險品，比存放麵粉、砂糖、米麥等普通物品，其發火危險為大。

使用性質，也是估計火災危險的主要要素之一。

⑷周圍環境(exposure)

周圍環境，與延燒危險最有關係。

外部環境，與外部延燒有關。但不一定會影響保險費率的釐訂，通常係供保險人核保的參考。

內部環境，與內部延燒有關。與保險費率的訂定有關係，一般多以其中危險性最高的保險費率，作爲同一環境內所有保險標的物之保險費率。

⑸私設消防設備(private fire protection)

私設消防設備，與燃燒危險、延燒危險關係密切。

良好的消防設施、避雷針、防火牆、防火窗等防護設備，可減少燃燒及延燒的危險。

消防設備良好，可減低保險費率。

二、道德危險

1.道德危險的意義

道德危險(moral hazard)，指因道德觀念低下或心理異常，促使火災發生或損害擴大而言。

這種危險發生的原動力，存在於人的心裡，係屬心理上的危險，乃又稱心理危險(mental hazard)。

道德危險的估計，只能就事實經驗，以主觀的判斷，評估危險性存在的可能狀況。爲間接的，且主觀的。所以，估計道德危險的相關要素，稱爲主觀要素。

道德危險的範圍，包括故意放火；火災發生時，不設法防止損害的擴大；虛列財物名稱、價值、數量，浮報損害金額，獲得

較多的保險金等。

　2.道德危險發生的原因

　綜合道德危險發生的情形，加以分析歸納，其原因有二：

　⑴為獲得經濟上利益。以放火，圖謀領取保險金，最具代表性。

　⑵非為獲得經濟上利益。例如：起因於洩恨、報仇、恐嚇、湮滅證據、惡作劇、精神病患、心理異常等。

　3.道德危險的估計

　道德危險的估計，係就個人及其環境有關事項，加以觀察分析。

　⑴社會因素

　可以下列情況，加以判斷：

　①被保險人的人格：家庭是否和睦，對待佣人是否刻薄，是否與人結怨，是否喜與人爭訟等。

　②被保險人的經濟情況：有無負債，建築物是否重複抵押，是否生產過剩、銷路停滯，工廠設備是否破舊落伍，勞資關係是否惡劣等。

　③建築物的使用情況：是否屆臨拆除期限,是否長期性空屋,建築物使用人與建築物的關係等。

　④經濟景氣狀況：是否與經濟蕭條有關係的財物，是否不易處置的財物，工商業是否蕭條等。

　⑵火災現場

　發生火災的現場，如有下述情形，則有放火的嫌疑：

　①一個火場，有數個起火的處所。

　②有助長火勢的跡象。例如：散亂易燃物品，異常開放窗戶

等。

③有混亂火災原因的跡象。例如：爲使人誤以爲是爐火引起的火災，因此有故意點燃爐火的狀況時。

④有使消防作業不易進行的跡象。例如：將原有的消防裝備，予以拆除、破壞等。

4.道德危險的防止

爲防止道德危險的發生，保險人承受業務時，宜採取下列措施：

①注意觀察可能引起道德危險的有關因素，是否存在。

②注意有無重複保險，超額保險。

③查明有無發生過火災，其次數、時間、及原因等。

④發生道德危險的可能性大的對象，宜予拒絕承保。

⑤採取嚴密的火災原因調查措施。例如：設置專家、顧問，並以科學方法及儀器等，從事火災原因的鑑定檢查工作。

三、動產的火災危險

1.動產的火災危險性質

動產的危險性質，亦是估計火災危險的主要部份之一。動產中有容易起火的，燃燒性強的物品；有容易爆炸，損壞性大的物品。因性質不同，其發火危險、燃燒危險及毀損危險，亦隨之而異。

動產容易搬移，道德危險較大。例如：發生火災時，財物往外搬出後，詐稱被火燒燬。

動產的火災危險，與建築物的火災危險，彼此相互影響。

2.動產的火災危險與建築物的火災危險的比較

(1)兩者的火災危險，大致上差不多的情形：

動產爲一般物品，例如：衣物、家具等；建築物爲非耐火建築物，例如：木造、磚木造房屋等。

(2)動產的火災危險，大於建築物的火災危險的情形：動產爲一般物品，尤其是具有發火性、易燃性、爆炸性的物品；建築物爲耐火建築物，例如：鋼筋水泥、鋼骨水泥等建築物。

3.因應動產火災危險的措施

動產的火災危險，大於建築物的火災危險時，宜採取相對的因應措施。

(1)動產的保險費率，與建築物的保險費率，分別訂定。即建築物的保險費率，應低於置存於該建築物內的動產的保險費率。

(2)動產的保險費率，與建築物的保險費率，未分別訂定時，建築物的保險金額，以其保險價額的一定百分比（例如80%或70%）爲準，視爲足額保險。即損害金額，在該保險金額以內的，按實際損害金額賠償，不予適用「比例分擔條款」（average clause）。

第五節　危險變更與通知義務

一、危險變更

1.危險變更的意義

訂立保險契約時，保險人根據火災危險要素，估計危險，決定承保，並釐訂適當的保險費率。因此，保險契約成立後，這些用來估計危險的事項，以不變動爲原則，保險人承擔其危險責任。

危險變更，即指保險契約成立後，訂約時用以估計危險的事項，發生變更，致使保險人所承保的危險狀況或條件，有所改變而言。

2.危險變更的內容

危險變更的事項，以下列情形為主要：

⑴使用性質改變。例如：住家改為商店。

⑵建築情形改變。例如：改建、增建、翻修等。

⑶保險標的物遷移處所。

⑷保險標的物轉讓。

二、通知義務

1.通知義務的履行

危險變更，一旦發生，被保險人應履行通知義務。即以書面，將危險變更的內容，通知保險人。

2.履行通知義務的時限

⑴危險變更，由被保險人的行為所引起時，必須於事先通知保險人。例如：被保險人變更房屋的用途。

⑵危險變更，非被保險人的行為所引起時，應於知悉危險變更後，在規定期限內，通知保險人。例如：被保險人為房東，承租人擅自變更房屋的用途。

3.違反通知義務的效果

危險變更發生前後，被保險人未依規定，在其時限內通知保險人，即違反通知義務。

被保險人違反通知義務的效果，為保險人得自危險變更之時，終止保險責任。

保險人一旦終止保險責任，則危險變更後，發生的損害，自
不負賠償責任。

第六節　火災保險利益的內容

無「有體物」存在，財產保險不能成立。無「保險利益」存
在，無需要保險。

一、保險利益的意義

1.對保險標的物具有利害關係

保險利益(insurable interest)，指被保險人與保險標的物之
間，所具有的利害關係而言。此一「利害關係」，因保險事故發生，
而具體化，結果為「損害」。

例如：某棟房屋為甲所有，甲與房屋之間，便具有利害關係；
房屋發生火災，結果甲遭受損害。甲與房屋之間的「利害關係」，
即保險利益。

2.利害關係，不只一種

被保險人對保險標的物所具有的利害關係，即「保險利益」，
並不一定只有一種。

例如：某棟房屋為甲所有，出租給乙。房屋發生火災而焚燬，
甲遭受的損害，有兩種：(1)房屋本身的損害，(2)不再有租金收入
的損害。因此，甲對該房屋，具有兩種「利害關係」，即有兩種「保
險利益」。

3.有利害關係的，不只一人

對同一保險標的物，具有利害關係，即保險利益的，並不一

定只有一個人。

例如：上面的例子，乙租甲的房屋，開店作生意。房屋發生火災而毀損，在修繕期間，停止營業，因此原先每日可賺取的利潤，隨之停止，這也是一種損害。所以，乙對該房屋，亦具有利害關係，即具有保險利益。甲、乙的利害關係不同，房屋則同一棟。

二、保險利益的內容

以利害關係的性質爲準，予以分類，保險利益的內容如下：

1. 所有利益

基於對財物的所有權，而存在的保險利益。

當財物因火災而毀損滅失，其所有權人，即失去「所有」的財物，因而遭受「損害」。簡單地說，財物的損害，即是所有權人的損害。

一般火災保險，以財物的損害爲保險的保障對象，亦即保障保險標的物本身的損害，因此，其保險標的爲「所有利益」。

2. 支付利益

基於必須支付一定費用的事實，而存在的保險利益。

企業的經常費用（例如：薪津、房租、廣告費等）的支出，可從企業收益中回收。當企業經營因火災而中斷，中斷期間無收益，經常費用依然必須支付，變成財務負擔，亦是一種損害。即爲此類保險利益。

3. 使用利益

基於使用他人之物，而存在的保險利益。

設若，租借土地建造房屋，該房屋因火災而燒燬，租借期間

雖尚未屆滿，亦不得繼續使用，因而遭受的損害；或租地權利金，不予退還，所受損害；即屬此類保險利益。

4.收益利益

基於偶然事故發生，致使預期收益喪失，而存在的保險利益。

商品、貨物因火災而毀損滅失，未能銷售，原先預期可獲得的利益，因而喪失所致損害；企業因火災，經營中斷，原先預期可獲得的收益，因而喪失所致損害；均屬此類保險利益。

工廠、商店、旅館、戲院等發生火災的結果，除了建築物及商品、貨物等動產遭受損害（所有利益）之外，在重建或修建期間，停止營業因而減少收益（收益利益），則有兩種損害發生。

以「所有利益」為保險標的，即為一般所稱「火災保險」。以「收益利益」為保險標的，有「利益保險」（Profit Insurance）、「營業中斷保險」（Business Interruption Insurance）。

5.責任利益

基於偶然事故發生，以致對第三人的損害，負有賠償責任，而存在的保險利益。

若有如下述情形時，其負有損害賠償責任的人，即有此類保險利益：

⑴房屋承租人，從事營業，發生火災，房屋被燒燬，承租人對房東，負有損害賠償責任時。

⑵自己的房屋發生火災，延燒鄰居的房屋，致使鄰居遭受損害，對鄰居的損害，負有賠償責任時。

⑶承包建築物內部裝修工程，因工程作業引起火災，致使建築物毀損，對其所有權人，負有損害賠償責任時。

⑷當鋪業、倉庫業、旅館業、洗染業等，因發生火災，致使

所保管的財物遭受損害，對寄託人，負有損害賠償責任時。

6.費用利益

基於偶然事故發生，以致增加特別費用支出，而存在的保險利益。

特別費用，指如不發生偶然事故，便無需支出的費用而言。例如：建築物發生火災，無法繼續居住或使用，必須遷移他處，則有臨時生活費用、遷移費用等開支，即屬此類保險利益。

住院綜合保險，除以「所有利益」爲保險標的外，「費用利益」（臨時生活費用），也是其「保險標的」之一。

7.抵押利益

基於對財物的抵押權，而存在的保險利益。

設若，以房屋作爲擔保品，向銀行貸款，並辦理設定抵押登記。當借款人應清償貸款而未清償時，銀行有權（抵押權）處分該房屋，以其價金抵銷貸款。如借款人不清償貸款，該房屋又因火災而毀損，銀行不能收回貸款，因此會遭受損害時，即有此類保險利益。

二、債權的保全與保險

1.一般利用保險的方式

一般銀行爲保障債權而利用保險的方式，通常是令借款人（擔保品所有權人），將擔保品投保「火災保險」（以「所有利益」爲保險標的），並繳付保險費。然後，將附有「抵押房屋之保險債權條款」、「抵押貨物之保險債權條款」、「抵押機器之保險債權條款」三類特約條款的保險單，送交銀行，作爲擔保品發生火災而遭受損害時，能夠獲得保險人優先賠償的權利保障。

這個方式，係以借款人爲要保人及被保險人，以「所有利益」爲保險標的。借款人有向保險人請求賠償的權利。保險人於給付賠款時，依約定優先賠付銀行。

在正常的情形下，銀行的債權，尙可獲得保障。但是，如有下述情形，便無法獲得保障：

⑴被保險人行蹤不明，或拒絕辦理請求賠償手續，保險人未予理賠，銀行無從獲得「優先」賠償，亦不能根據上述保險債權條款，向保險人請求賠償。

⑵被保險人未依規定繳納保險費，或有違反告知義務、違反通知義務情事，或火災的發生係被保險人故意或有重大過失所致時，保險人皆可不負賠償責任，則被保險人不能獲得賠償。因此，銀行的「優先賠償」的權利，亦告落空。

⑶該擔保品，如爲重複保險時，保險人僅負按比例攤賠損害的責任。因此，銀行「優先」獲得賠償的金額，將不足以保障其債權。

⑷保險期間屆止，借款人不出面辦理要保手續，簽訂新保險契約，擔保品即無保險狀態。如由銀行代辦要保手續，作爲要保人，繳付保險費，被保險人依然是借款人，而且不能逕行將上述保險債權條款附加於保險單上。因此，亦難獲得預期的保障。

2.使用抵押權人條款

在上述方式下，使用「抵押權人特約條款」（mortgagee clause），取代上述保險債權條款，則銀行（抵押權人）可以避免上述⑴⑵兩種情形，而獲得保障。例如：要保人違反告知義務，或被保險人違反通知義務時，保險人雖對被保險人，不負賠償責任；但銀行不受其影響，可就其債權範圍內，逕向保險人，請求

賠償。

在這個條款下，如有要保人或被保險人應該通知保險人的事項發生(例如，房屋的使用性質變更)，銀行應於知悉時，以書面通知保險人。如危險變更，需要加繳保險費，而要保人或被保險人遲延不繳時，銀行應代為繳付。

使用「抵押權人特約條款」，對於上述(3)(4)兩種情形，仍難於控制。因此，對於債權的保障，仍嫌不夠週到確實。

3.利用「債權保全火災保險」

「債權保全火災保險」，以「抵押利益」為保險標的，直接保障銀行的債權；要保人及被保險人為銀行。因此，可避免上述四種情形發生，是保障債權，最好的方式。

第七節　保險價額與保險金額

保險價額與保險金額，係決定賠償金額的要件。

一、保險價額

1.保險價額的意義

保險價額(insurable value)，為保險利益以金錢估計所顯的價額。

因此，保險價額乃是發生偶然事故時，被保險人可能遭受損害的最高金額。財產保險，基於損害填補原則，賠償金額，當不超過保險價額。

2.保險價額的訂定

火災保險的保險價額，很少在訂立保險契約時訂明。一般實

務上，保險價額多在估計損害金額時，一併予以估計確定。損害金額的估計，則以火災發生時當地市價爲準。因此，火災保險契約上，乃載明：「本保險爲不定值保險」。

依保險法（第72條）規定：「……保險人應於承保前，查明保險標的物之市價，……」，似應於承保前評訂保險價額（保險標的物之市價，亦爲一種保險價額）。惟未規定，應將保險價額載明於保險契約上。

3.保險價額的變動

保險價額，在保險期間內，可能會發生變動。

例如：訂立保險契約時，以保險價額作爲保險金額，即足額保險。損害發生時，市價下跌，則變成超額保險；市價上漲，則變成不足額保險。

依一般火災保險的條款規定，如爲不足額保險，發生全損時，按保險金額賠償；分損則按保險金額與保險價額的比例，計算賠償金額。

因此，對於保險價額的變動，在承保上及理賠上，宜有適當的處理方式，並訂明於保險契約上。

二、保險金額

1.保險金額的意義

保險金額（amount insured; sum insured），爲保險人依據保險契約，應負賠償責任的最高金額。

因此，保險人對財物損害的賠償金額，以保險金額爲限。所以，保險人亦以保險金額爲準，計收保險費。故保險金額劃定了保險人與被保險人的權利義務範圍。

2.保險金額的訂定

保險金額，由保險契約當事人任意訂定。因此，可能與保險價額相等，也可能大於保險價額，或小於保險價額。所以，有下列情形存在：

⑴保險金額，與保險價額相等。即為足額保險(Full insurance)，又稱全部保險。

⑵保險金額，少於保險價額。即為不足額保險(Under insurance)，又稱一部保險。

⑶保險金額，超過保險價額。即為超額保險(Over insurance)。

3.保險金額與損害賠償

保險金額的訂定，與賠償金額有聯帶關係。

保險標的物因火災而毀損滅失，被保險人遭受損害，保險人負有賠償責任時，在保險金額範圍內，按實際損害，予以賠償。其要點如下：

	全損	分損
⑴足額保險	按保險金額賠償	按實際損害賠償
⑵不足額保險	同上	按比例計算賠償
⑶超額保險	按實際損害賠償	按實際損害賠償

附註：⑴足額保險，全損時，按保險金額賠償，亦即按實際損害賠償。

⑵不足額保險，分損時，按保險金額與保險價額比例，計算賠償金額。

(3)超額保險，由於實際損害少於保險金額，故全損時，按實際損害賠償。分損時，由於超額保險的效果，與足額保險相同，故按實際損害賠償。

4.以足額保險爲原則

由於保險金額與保險價額，係決定賠償金額的要件。因此，訂定保險金額時，宜以足額保險爲原則。

從下面比較分析，可得瞭解：

(1)足額保險：被保險人可獲得十足的保障，保險費亦發生十足的效用。

(2)不足額保險：保險費的負擔，較足額保險爲少；但被保險人不能獲得十足的保障。

(3)超額保險：由於超過保險價額部分無效，故被保險人獲得的實際保障，與足額保險相同；但保險費的負擔，較足額保險爲多。多出的保險費，並未發生效用。

第八節　火災保險的承保範圍

保險人對火災危險所致損害，原則上，負賠償責任。不過，對火災發生的原因及火災所致損害的內容，需要加以限制。這些限制，逐形成承保範圍。

一、一般承保範圍

火災保險的一般承保範圍，由下述要件所形成：

(1)損害，係火災直接所致損害。

(2)火災原因，不屬於「不承保危險」範圍內的。

⑶受損害的財物，不屬於「不承保財物」範圍內的。

在承保範圍內的損害，除要保人或被保險人違反保險契約的規定，（例如：違反通知義務，不在規定期間內繳付保險費等），保險人負賠償責任。

二、需特別約定的危險

1.需特別約定的危險

在「不承保危險」中，有一部份「危險」，可以特別約定的方式，變為保險人另一種「承保危險」。這些「危險」，發生的可能性，或造成損害的程度，超過一般火災危險；其中，有些「危險」，與火災危險有關聯，但危險性質，不同於火災危險。

諸如：⑴爆炸，⑵地震，⑶颱風、旋風、洪水，⑷航空器墜落、機動車輛碰撞，⑸罷工、暴動、民衆騷擾，⑹自動消防裝置滲漏，⑺竊盜，⑻自燃等。

被保險人如希望這些危險所致損害，亦可獲得賠償，需與保險人特別約定，加繳保險費，保險人始承擔保險責任。

2.火災保險附加險

這些需要特別約定的危險，係以簽發背書（Endorsement），又稱批單的方式，載明保險人的承保內容及賠償責任等有關事項，附加於一般保險契約，成為契約的一部份，乃稱為火災保險附加險。

火災保險附加險，主要項目及承保內容如下：

⑴爆炸險

保險標的物，直接因爆炸所致毀損滅失。包括爆炸引起火災所致損害。

(2)地震險

保險標的物，直接因地震所致毀損滅失。包括地震引起火災所致損害。

(3)颱風、洪水險

保險標的物，直接因颱風、颶風、暴風、旋風，或由於上列事故引起海潮氾濫或河川、水道、湖泊之高漲氾濫、或水庫、水壩、堤岸崩潰氾濫，造成洪水所致毀損滅失。

(4)航空器、機動車輛碰撞險

保險標的物，直接因航空器及其墜落物、或在陸地或軌道上行駛的機動車輛所致毀損滅失。

(5)罷工、暴動、民衆騷擾、惡意行爲險

保險標的物，因下列事故所致毀損滅失。

①任何人參加擾亂公共安寧的行爲(不論是否與勞方的罷工，或資方的歇業有關)。

②治安當局爲鎮壓前項擾亂，或爲減輕其後果所採取的行爲。

③任何罷工者爲擴大其罷工，或被歇業的勞工爲抵制歇業的故意行爲。

④治安當局爲防止前項行爲，或爲減輕其後果所採取的行爲。

⑤任何人的故意或惡意行爲。

(6)自動消防裝置滲漏險

保險標的物，直接因自動消防裝置意外滲漏，或噴射水或其他物質，或因其水源倒塌、崩潰所致毀損滅失。

(7)竊盜險

保險標的物，直接因竊盜所致毀損滅失，以及置存保險標的物的建築物遭受竊盜所致毀損。

三、不承保的危險

火災保險，「不承保危險」中，有一部份，可以特別約定的方式，成為「承保危險」。下列危險，列於「除外責任」事項中，為保險人「不承保的危險」。

(1)不論是否起因於火災,各種放射性的輻射或放射能的污染。

(2)不論直接或間接因原子能引起的火災及燃燒。

(3)戰爭（不論宣戰與否）、類似戰爭行為、叛亂、強力霸佔,或徵用、沒收等。

(4)政府命令的焚燬。

(5)不論意外與否，由於森林、平野、曠野或叢草的燃燒，或以火燎地面。

(6)火山爆發、地下發火。

(7)要保人、被保險人或其法定代理人，或其家屬的故意或唆使縱火。但被保險人的家屬，非企圖使被保險人獲得賠款的，不在此限。

四、不承保的財物

1.不承保的財物

有些財物，不適宜作為火災保險標的物，而成為不承保的財物。其內容如下：

(1)金銀條塊及其製品、珠寶、玉石、首飾。

(2)古玩、藝術品。

(3)文稿、圖樣、圖書、圖案、模型。

(4)貨幣、股券、債券、郵票、印花稅票、票據、其他有價證

券。

⑸各種文件、證件、帳簿、商業憑證、簿冊等。

　2.不承保的原因

上述財物，保險人不承保的原因，大致上有兩種情形：

⑴有些物品，體積小，而價值高，毀損性大；道德危險高，難予確定有無該項物品遭受損害，易引起爭執。故其危險性遠高於一般火災保險標的物的危險性。

⑵有些物品，其價值係憑主觀的判斷估計的，並沒有客觀的價值標準，可作為估計的依據，發生損害時，很難估計適當的損害金額，亦易引起爭議。

第九節　火災保險費率

一、火災保險費率的涵義

　1.保險費率代表危險性

保險費率，係危險性的具體化表現。危險性不同，保險費率亦異。危險性高，保險費率亦高；危險性低，保險費率亦低。

危險性的高低，涵蓋危險發生的比率大小，與危險發生所造成損害的程度大小。實際上，則以一定期間內，發生危險所造成的損害為基礎，計算損害率(或稱危險率)，代表某一類財物的危險性。

　2.計算保險費的單位

保險人承擔危險責任的具體化結果，為對危險所致損害，負賠償責任。保險人所負賠償責任發生的可能性，與危險性大小，

有密切關係。因此，代表危險性的費率，為保險人計收保險費的基礎，亦即計算保險費的單位。

3.保險費代表危險與責任大小

保險費的計算，除以保險費率為依據之外，還有保險期間與保險金額。保險期間長，保險人承擔保險責任的時間亦長。保險金額大小，決定保險人負賠償責任的大小。

一般火災保險費率，在釐訂時，係以一年期為基礎。因此，一年期的保險契約，保險費的計算，係以保險費率與保險金額為依據。所以，保險費乃代表保險人所承擔危險大小與賠償責任大小。

保險費率相同，保險金額不同，即表示保險人所承擔危險性一樣，但賠償責任大小不一樣。反之，保險金額相同，保險費率不同，即表示保險人所承擔賠償責任一樣，但危險性不一樣。

二、訂定火災保險費率的原則

保險費的收入，是保險經營的根本。適當的保險費率，才能使火災保險的功能發揮。所以，保險費率的訂定，是保險經營的重要課題。訂定保險費率，應遵循下述兩個原則：

1.合理原則

依據危險性的類別，釐訂適當的保險費率，以求合理。

適當的保險費率，指代表危險性的大小，不偏高，也不偏低；其保險費的收入，足以支付賠償及營業費用，並有合理的利潤而言。

保險費率偏高，固然使保險人的收益增加，却使被保險人的負擔加重，會阻礙保險的普及。反之，保險費率偏低，可能影響

保險事業的經營，甚至引起倒閉，則不僅保險公司的股東要承受損失，被保險人及以保險標的物作爲擔保品予以融通資金的人也可能遭受損失。

　　所以，保險費率偏高，固然不可，偏低亦非所宜。訂定與危險性相對比的，適當的──合理的保險費率，不論從社會利益的見地，或保險事業經營的立場而言，皆屬必要。

　　2.公正原則

　　同一危險性質，應適用相同的保險費率，以求公正。

　　有了合理的保險費率，在使用上，還必須力求公正。即對任何被保險人，只要危險性相同，都使用相同的保險費率，使所有的被保險人，都在公平的條件之下，共同承擔危險。否則，便有失公正，而且會影響「合理保險費率」的效用。

　　例如：爲了爭取業務，而降低保險費率，使「合理的保險費率」變成不合理，即偏低。這種情形，往往存在於某些被保險人；因此，對其他被保險人而言，有失公平；違背了「共同承擔危險」的保險原理與基本精神。

　　所以，保險人釐訂每一個保險標的物的保險費率時，應遵循合理與公正原則。則可使保險事業的經營健全，而日益發展。

三、　訂定保險費率的方式

　　一般所謂保險費率，包含純保險費率與附加保險費率。純保險費率，爲火災保險的純原價(fire cost)，即以其保險費收入，用來支付賠償。附加保險費率，係以純保險費率爲基準，以若干比率，附加於純保險費率，成爲總保險費率(一般簡稱保險費率)的一部份，其保險費收入，用作營業費用及利潤。

1.純保險費率的訂定

訂定純保險費率，要依據相關危險要素，從各方面加以觀察分析，按其危險性類別，估計在某單位期間所發生的損害率，以此損害率爲依據。因此，技術上相當困難，要有高度的統計知識、技術、設備、及專門人才，始克勝任。

在這裡，僅就純保險費率的訂定方式，介紹其外貌的梗概，作爲概念性的瞭解而已。

純保險費率的訂定方式,大致上有兩種：(1)火災件數的統計，又稱一般統計。(2)火災金額的統計，又稱經驗統計。

(1)火災件數的統計

以燒燬件數，與可作爲火災保險對象的總件數（不問有無投保火災保險），兩者的價值比例，計算平均保險費率，即純保險費率。

假設：價值 100,000 元的房屋，1,000,000 戶，依據統計得到其損害率爲 2.96 ‰，即受損房屋有 2,960 戶，其損害情形如下：

(A)損害 $\frac{1}{10}$　　佔 20%　有 592 戶 損害金額　　5,920,000 元

(B)損害 $\frac{2}{10}$　　佔 20%　有 592 戶 損害金額　11,840,000 元

(C)損害 $\frac{3}{10}$　　佔 10%　有 296 戶 損害金額　　8,880,000 元

(D)損害 $\frac{4}{10}$　　佔 10%　有 296 戶 損害金額　11,840,000 元

(E)損害 $\frac{5}{10}$　　佔 10%　有 296 戶 損害金額　14,800,000 元

(F)損害 $\frac{6}{10}$　　佔 10%　有 296 戶 損害金額　17,760,000 元

(G)損害 $\frac{7}{10}$　　佔 10%　有 296 戶 損害金額　20,720,000 元

(H)損害 $\frac{10}{10}$　佔 10%　有 296 戶 損害金額　29,600,000 元

以上合計，總損害金額　121,360,000 元

1,000,000 戶房屋的總價值　100,000,000,000 元

以總損害金額與總價值的比例，求得平均保險費率，爲
1.2136‰（121,360,000÷100,000,000,000＝1.2136‰），即純保險
費率。

採用這個方式，要注意事實上，損害程度很難用 $\frac{1}{10}$，$\frac{2}{10}$……，
表示得很正確；標的物的價值，亦不盡相同。此外，就保險經營
的立場而言，並不一定能夠適合其需要。因爲參加統計的件數，
與保險人承保的件數，可能相差很遠，其可靠性，隨之減低。

⑵火災金額的統計

以保險人所承保的總保險金額，與其賠償總金額，兩者的比
例，計算平均保險費率，即純保險費率。

假設：總保險金額　　1,000 億元

　　　總賠償金額　　　1 億元

　　　平均保險費率　　1‰

　　　即純保險費率　　1‰

這個方式，可靠性較高，但在統計上會有許多困難。採用這
個方式，有四個前提條件：

⑷保險標的物的危險狀況很接近。

⑻保險標的物發生火災時，彼此不受影響。

⑼各保險標的物的保險金額，相差無幾。

⑽各保險標的物，有多數列入統計。

　2.附加保險費率的計算

附加保險費率，取決於附加保險費與純保險費的比例。

附加保險費，與純保險費，在總保險費中的比例，有 55%比
45%，有 50%比 50%，有 45%比 55%，亦有 40%比 60%……，
各國不盡相同。

附加保險費率的計算，實際上，係先以純保險費率，除以其所佔總保險費中的比例，求得總保險費率，再減去純保險費率，即得附加保險費率。

假設：附加保險費，與純保險費，在總保險費中的比例，為 55% 比 45%。

純保險費率　　　　2‰

求得總保險費率　　4.4‰

附加保險費率為　　2.4‰

附加保險費，支用內容，概要如下：

⑴營業費用

營業費用，在附加保險費中，佔最大比率。其費用項目，包括員工薪水、出差費用、通信費用、廣告費用、房租、調查損害費用、簽發保險單所需費用、印花稅、營業稅、所得稅、其他設備及事務費用、經紀人佣金等，經營上所需一切費用。

⑵利潤

通常為總保險費的 5%～10%。

⑶大火準備金

通常為總保險費的 5%。若併入純保險費，則附加保險費部份，便不包括此項比率。

在附加保險費中，將經紀人佣金，單獨列為一個項目，並訂有固定比率的作法，似有待商榷。因為實際上，並非所有保險契約皆由經紀人經手。無經紀人，自毋須支付佣金。則保險費中，該項經紀人佣金，將如何處理？是歸還被保險人？抑或歸保險人所有？兩者，皆有所不宜。分述如下：

⑴歸還被保險人

(A)若將經紀人佣金，歸還被保險人，實質上是打折扣，其結果，使「合理的保險費率」，變爲「不合理」；在適用上，亦不合「公平原則」。

(B)被保險人直接與保險人訂立保險契約，可以節省保險費，勢將影響經紀人的業務。

(2)歸保險人所有

(A)若不歸還被保險人，勢將歸保險人所有。但在附加保險費中，已訂有固定比率的利潤，不宜將該項未支付的經紀人佣金，再歸入利潤。

(B)在附加保險費中，經紀人佣金，係單獨的一個項目，並訂有固定比率，用以支付經紀人，並非一般營業費用中的一部份，不宜視爲營業費，自亦不宜併入，而變爲營業費用。

支付經紀人佣金所需費用，宜予平均化後，併入營業費用中。不宜單獨列爲一個項目，訂定固定比率。

四、火災保險費率的調整

火災保險費率的調整，其原因有二：(1)實際損害率有所增減，需重新計算純保險費率，因而調整保險費率。(2)附加保險費率與純保險費率，在總保險費中的比例，有所變動，因而調整保險費率。茲設例說明其概念如下：

1.因損害率變動而調整保險費率

設純保險費率與附加保險費率的比例爲50%：50%。損害率（即純保險費率）爲1‰，其保險費率爲2‰。

假定實際損害率的比例，增爲60%。即表示依純保險費率1‰，計收的保險費，不足以支應賠償，理宜調整保險費率。

調整的方式，有兩種可加以考慮：

(1)僅就純保險費率，加以調整。

純保險費率，從 1 ‰調整爲 1.2 ‰。即保險費率，從 2 ‰調整爲 2.2 ‰，(2 ‰×(60%＋50%)＝2.2 ‰)。附加保險費率，不予調整，仍爲 1 ‰。

此種調整方式，無形中會改變保險費率的結構，從 50%：50%，變爲 55%：45%。若不宜改變保險費率的結構，則附加保險費率，勢必隨著調整，保險費率將較高。下面(2)的方式，即是。

(2)附加保險費率，隨著純保險費率的調整，一併調整。

純保險費率，從 1 ‰調整爲 1.2 ‰。保險費率的結構，若維持不變，即純保險費率與附加保險費率的比例，仍爲 50%：50%。則附加保險費率，將從 1 ‰調整爲 1.2 ‰。其保險費率，變爲 2.4‰。

此種方式調整的保險費率，較上述方式調整的保險費率 2.2‰，爲高。如就實際需要與效果而言，此種調整方式，較上述調整方式，爲不合理。

2.因保險費率結構變動，而調整保險費率

設純保險費率爲 1 ‰，保險費率結構，即純保險費率與附加保險費率的比例，爲 50%：50%。其保險費率，爲 2 ‰。

假定，純保險費率與附加保險費率的比例，改爲 60%：40%。純保險費率不變，仍爲 1 ‰，其保險費率，將被調整爲 1.7 ‰(概數)。

3.調整保險費率的原則

保險費率，調整的結果，可能較原先的保險費率爲高，也可能降低。調整保險費率，並非必然要將原先的保險費率，予以降

低；亦非必須增高。要在依據健全與正確的統計資料，以較合理的方式，作適度的調整，獲得適當的保險費率爲原則。

第十節 短期保險費與長期保險契約

火災保險契約的保險期間，通常爲一年。保險期間，在一年以下的，稱爲短期保險；一年以上的，稱爲長期保險。

一、保險費不可分割原則

依保險費不可分割原則，理論上，應無短期保險費可言。但在經營上，却是必須面對的事實。

1.火災保險費率的期間基礎

釐訂火災保險費率的期間基礎爲一年。即以一年爲期訂定保險費率。保險人按所承擔的保險責任額度，以此保險費率，計收保險費，承擔爲期一年的保險責任。

因此，保險費係保險金額×保險費率而得。例如：保險金額1,000萬元，保險費率1‰，保險費爲10,000元。其涵義爲保險人在一年期間內，在1,000萬元的責任額度內，不論賠償金額多少，保險費收入10,000元，應爲確定不變的。簡單地說，設若發生全損，保險人賠償1,000萬元，其保險費收入爲10,000元，這種1,000萬元對10,000元的關係，才能維持。

2.保險費不可分割原則

爲要嚴格維持一定保險責任額度與一定保險費收入的對等關係，保險費不容按保險期間的長短，以一年爲基礎，作比例的分割，此即所謂「保險費不可分割原則」。

保險費，如可分割，則上例每日保險費僅為 27 元（10,000×$\frac{1}{365}$），但保險金額仍然為 1,000 萬元，假設，繳付 30 日保險費（810 元），即發生全損，保險人賠償 1,000 萬元，則保險金額與保險費的對等關係，為 1,000 萬元對 810 元。如此一來，原先釐訂保險費率的基礎，將遭受破壞，在經營上（收支）的效能，亦隨之無法維持。

二、短期保險費

1.短期保險費的產生

依據「保險費不可分割原則」，不論保險期間為一日，或為一個月，或為一年，如保險金額不變，保險費都一樣。不過，在經營上，若作這樣的處理，一般社會大眾不容易接受，乃在不完全放棄「保險費不可分割原則」的意念下，遷就經營上的需要，產生所謂短期保險費，並訂定其計收方式。

2.短期保險費的計算方式

短期保險費，係以一年期的保險費率為準，按一定期間的短期保險費係數，予以計算。

短期保險費係數的訂定，有以 2 日為級距，例如：1 日，3 日，5 日，7 日……等，各為一級，每一級有其適用的係數。有以一定日數或月數，分別訂定係數，例如：5 日，為一年費率的 5%；8 日，為 7%；15 日，為 10%；1 個月，為 15%；2 個月，為 25%；……6 個月，為 65%；……11 個月，為 95%等。

因此，短期保險費的計算方式，為保險金額×保險費率×短期保險費係數。

例如：保險金額 1,000 萬元，保險費率 1‰，保險期間 2 個

月，短期保險費係數爲 25%，保險費爲 2,500 元。

3.短期保險費率

以一年保險費率，乘以短期保險費係數，所得費率，稱爲短期保險費率。

例如：一年保險費率 1 ‰，保險期間 1 個月，其短期保險費係數爲 15%，則短期保險費率，爲 0.15 ‰。

4.短期保險費的性質

短期保險費，表面上，比一年期的保險費爲高。例如：一年期的保險費 10,000 元，保險期間 6 個月，按一般的算法，當爲一年的½，即 50%，保險費爲 5,000 元。但按短期保險費的計算方式，保險期間 6 個月的係數爲 65%，則保險費爲 6,500 元。

但是，從「保險費不可分割原則」，及保險經營的立場而言，短期保險費，比一年期的保險費爲低。

以上例而言，依「保險費不可分割原則」，保險期間 6 個月，應收保險費 10,000 元，却只收 6,500 元。其次，一年期契約與短期契約，在營運費用成本上，並無不同，但短期保險費中的附加保險費，却少於一年期的附加保險費。

理念上，附加保險費，應不受保險期間長短而改變。換句話說，短期保險費係數的適用，應不包括附加保險費，亦即附加保險費，不宜予以扣減。準此以言，短期保險費的計算方式，應如下述：

保險金額×保險費率×純保險費率比例×短期保險費係數＋
保險金額×保險費率×附加保險費率比例。

例如：保險金額 1,000 萬元，保險費率 1 ‰，保險期間 2 個月，純保險費率與附加保險費率的比例，爲 55%：45%，短期保

險費係數 25%。則應收短期保險費為 5,875 元。即

$$10,000,000\times1\text{‰}\times55\%\times25\%+10,000,000\times1\text{‰}\times45\%$$
$$=5,875$$

若採用此一計算方式，在經營上，為顧及一般社會大眾的意向，可將短期保險費係數，作適度的調整，以因應實際情況。

三、長期保險契約

長期保險契約，或為十年，或為十五年，甚或長達二十年。長期保險費，比一年期保險費為低廉。在經營上，長期保險契約，有其優點，亦有其缺點。

1.長期保險費的計算方式

長期保險費，係以一年期的保險費率為準，按保險期間年數的長期保險費係數，予以計算。

長期保險費係數，以年為單位，分別訂定不同年數的係數。例如：保險期間 2 年，長期保險費係數為 1.8；保險期間 3 年，其係數為 2.4；保險期間 5 年，其係數為 3。實質上，「係數」即為一年期保險費的「倍數」。

2.長期保險費較為低廉

長期保險費，如按年數平均計算，比一年期保險費，較為低廉。因為，其附加保險費，應予減少。主要原因如下：

(1)營業費用，並非比例增加

在經營上，一次辦理一個長期保險契約，與一次辦理一個一年期保險契約，所需營業費用，相差無幾。一年期保險契約，每年辦理一次，每年需要營業費用支出。長期保險契約，不需要每年支出同等的營業費用。即其附加保險費，應予減少。則長期保

險費，自不宜以一年期保險費爲準，按長期保險期間的年數，作同等倍數，予以計收。

(2)資金運用的收益，可抵充營業費用

長期保險費的繳付，可一次繳付，或分次繳付。分次繳付時，其最後一次繳付期限，通常不會太長，或自訂立保險契約起半年，或一年。因此，長期保險費收入，充當資金運用的金額，比一年期保險費收入可資運用的爲多。而且資金運用的期間較長，其收益隨之較多。自可用以抵充部份營業費用，則附加保險費，又可降低。

3.長期保險契約的優點

概要如下：

(1)由於營業費用的節省，及資金運用的收益，保險費可以折扣，減輕被保險人的保險費負擔。

長期保險，不需要每年簽訂保險契約。因此，可以節省承攬業務及承保費用。諸如：洽攬業務，查勘保險標的物的費用，到期通知書，要保書，保險費收據，保險單等製作費用，及人工費用等。

長期保險，保險費收入較多，保險人以較大金額，作較長期間的資金運用，就一般而言，可獲得較佳的投資效益。

因此，長期保險的保險費，能夠以一年期保險費爲準，而不乘以長期保險的保險期間年數，改用具有折扣性質的長期保險費係數，其結果，可以減輕被保險人的保險費負擔。

(2)易於保全契約，有利於經營。

一年期保險契約，於保險期間屆滿時，是否繼續訂立契約，並不一定。長期保險契約，則無此顧慮，即使可能發生中途終止

契約情事，其比率不致太高。因此，保險人在保全契約，使之繼續存在方面，有相當高的安全性，有利於經營。

(3)金融機構對其擔保品需要保險時，利用價值較大。

金融機構爲要保全融資債權，通常要求債務人將其用爲融資的擔保品，投保火災保險，並將保險權益轉讓與金融機構。當一年期滿後，債務人如不繼續投保，可能發生困擾，甚或影響融資債權的確保。若由金融機構逕行代爲投保，則保險費負擔上，及債權保險條款的適用等，可能發生爭執。長期保險，則可避免此等情事發生，並可節省每年投保的手續上麻煩。

4.長期保險契約的缺點

概要如下：

(1)變動性大的物件，不適合。

保險標的物，如商品、貨物之類，其項目、數量、價格等，變動性大的，不適合投保長期保險。

長期保險，係以具有安全性爲前提的一種契約。因此，作爲承保對象的物件，不得不有所選擇，而形成一種限制。以致變動性大的物件，難予包括在長期保險的承保對象範圍內。

變動性大的物件，如投保長期保險，若不隨其數量、價格變動，將保險金額作適度的調整，便會影響保險費的公正性，遇有保險事故發生，在損害金額的估計，及賠償金額的決定上，亦有不利的影響。如因物件內容項目的變動，影響到保險費率的增減，在實務上可能引起困擾或爭執。

(2)經濟情勢不穩定的時期，不適合。

因經濟情勢不穩定等理由，有時保險費率會經常調整。如隨著保險費率的調整，需要加繳或退還保險費，則事務工作量會大

爲增加。同時，在經濟情勢不穩定的時期，往往會在很短期間內，使保險標的物的價格，發生變動，如要一一加以調整，在長期保險的體制上，並不歡迎。如不予調整，與實際情形，又不相一致。

此外，遇到通貨膨脹較激烈時，長期保險契約數量，又顯著增加的情況下，由於未滿期保險費的提存，會無謂的增加責任準備金的負擔，有加重出納、會計部門工作壓力之虞。

⑶與被保險人的接觸，較爲疏遠。

保險人需要經常與客戶接觸，以適當的保險金額、保險費率，使客戶能夠訂立適合時宜的保險契約。並且，與客戶保持不斷的接觸，可建立情誼，瞭解業務情況，減少可能引發爭議的問題發生，也會接受到新事物、新工作的不斷刺激，有利於業務的推展。

長期保險，由於具有易於保全契約的優點，相對地，亦有其缺點。即由於承受業務的方式及保險契約內容，與一年期保險不相同，以致對客戶的服務，會有不太熱誠，或不熱心的情況出現，保險人與被保險人之間的接觸，在不知不覺中減少，甚至疏遠，至少被保險人方面，很可能會產生這種感覺，將是保險人的一種顧慮。

第十一節　損害與理賠

火災發生，致保險標的物毀損滅失，被保險人遭受損害，向保險人請求賠償；保險人依保險契約規定，負有賠償責任，需估計損害金額，計算賠償金額，給付被保險人。

一、損害發生

　　火災發生，引起損害時，被保險人必須通知保險人。讓保險人瞭解損害的範圍、內容、金額，調查損害的原因，俾資理賠。

　　1.損害通知的時限

　　被保險人知悉損害發生時，應立即通知保險人。

　　被保險人是否「立即」為通知，應就當時當地的地理環境、交通設施、電信設備、火災現場及被保險人本身情況，以常理作判斷為宜。

　　2.通知的方式

　　被保險人通知保險人，不論以口頭或書面均可。一般保險契約上，多規定應以書面通知。

　　被保險人為通知後，對損害現場，仍應維持原狀，俾便調查損害發生的原因，估計損害金額的參考。

　　3.違反「立即」通知的效果

　　被保險人知悉損害發生，未依規定，立即通知保險人時，因而擴大的損害，保險人不負賠償責任。

　　設若，被保險人「立即」為通知，損害金額止於300萬元；由於被保險人宕延通知，損害金額達500萬元；多出200萬元，即屬「擴大的損害」；保險人不負賠償責任。

　　4.保險人查勘現場

　　被保險人立即為通知的目的，是讓保險人儘早查勘現場，作妥適的處理，並瞭解損害情形。但保險人查勘現場等行為，不影響保險契約上的權利義務。

　　為使保險人能夠順利進行查勘及有關作業，被保險人無正當

理由，不得拒絕保險人進入現場。

　　被保險人如無正當理由，而拒絕保險人查勘現場時，保險人對該項被拒絕的損害，可不予賠償。

　　5.被保險人求償的時限

　　被保險人於知悉損害發生時，立即通知保險人後，應於規定期限（例如，30 日）內，向保險人請求賠償。被保險人，如不能於規定期限內，向保險人求償，可請求保險人予以延長期限。

　　被保險人向保險人求償，是一種權利。但求償手續，如宕延太久，將來對於損害金額的估計，損害原因的調查，若有問題或爭議，將難予解決。因此，被保險人的求償期限，乃有所限制。

二、損害防止

　　損害發生時，被保險人必須盡力防止損害的擴大。

　　1.損害防止義務

　　火災發生時，被保險人應盡力採取必要措施，防止損害擴大，以減輕損害。此即「損害防止義務」。

　　火災造成被保險人的損害，亦即社會財富的一種損害。被保險人不可因有火災保險，而任讓火災造成損害。因此，保險契約上，乃將防止損害，訂為被保險人應履行的契約義務。

　　2.損害防止費用

　　為防止損害而發生的必要費用，即損害防止費用。

　　所謂「必要費用」，當指對從事防止或減輕損害，採取各種救護措施及作業所必須且有直接效果的費用而言。例如：使用滅火器材所生費用；為救護保險標的物，而支付的運費、工資等費用；屬防止損害的「必要費用」。

3.損害防止費用的負擔

損害防止費用，有由被保險人負擔的，有由保險人負擔的，各有其理由。概述如下：

(1)由被保險人負擔的理由

(A)損害防止費用，在「必要」與否的認定上，沒有客觀的標準，可資依據；費用金額的估計，相當困難，易起爭執。

(B)被保險人如無保險，必然會盡力搶救財物，以減少損害；其費用亦由被保險人自行負擔。

(2)由保險人負擔的理由

(A)被保險人防止損害的結果，使保險人減少賠償，理應由保險人負擔該項費用。亦即被保險人，有防止損害義務，亦應有請求賠償該項費用的權利；保險人，有享受「防止損害」所生利益的權利，亦應有賠償該項費用的義務。

(B)損害防止費用的發生，起因於火災，對被保險人而言，亦是火災所致損害；而且，如無該項費用損害，相對地，保險標的物就受損害，保險標的物受損害，保險人負有賠償責任，則對該項損害防止費用，保險人應予負擔。

(3)我國保險契約的規定

我國火災保險契約規定，被保險人爲履行防止損害義務，所生必要費用，由保險人按保險金額與保險價額的比例，予以填補；但該項費用與保險標的物損害金額，合計超過保險金額時，以保險金額爲限。

依上述規定，損害防止費用，原則上，係由保險人負擔。但是，實際上，保險人可能只負擔一部分，或全部不負擔，亦即可能由被保險人自行負擔。

設例說明如下：

㈠全部由保險人負擔

設保險價額 200 萬元，保險金額 200 萬元，保險標的物損害金額 100 萬元，損害防止費用 20 萬元。

保險人賠償 120 萬元。即保險標的物損害，賠償 100 萬元；損害防止費用，賠償 20 萬元。

㈡部分由保險人負擔

將上例㈠中，保險金額設爲 100 萬元，其餘相同。

保險人賠償 60 萬元。即保險標的物損害，按比例賠償 50 萬元；損害防止費用，按比例賠償 10 萬元；兩項合計爲 60 萬元。

㈢全部由被保險人負擔

保險標的物，發生全損時，不論足額保險或不足額保險，保險人對保險標的物損害，均按保險金額，予以賠償。因此，損害防止費用，不予塡補，遂全部由被保險人負擔。

按上述說明，依我國保險契約規定，保險人或被保險人負擔損害防止費用，可能情形如下：

①保險標的物分損時，如爲足額保險，其損害防止費用，全部由保險人負擔；如爲不足額保險，保險人按比例，僅負擔一部分費用。

②保險標的物全損時，不論足額保險或不足額保險，損害防止費用，保險人不予塡補，全部由被保險人負擔。

4.違反損害防止義務的效果

火災發生，被保險人未盡力採取必要措施，以防止或減輕損害，即違反「損害防止義務」。

違反損害防止義務的效果，爲被保險人未履行該義務，致使

損害擴大時，保險人對該擴大部分的損害，不負賠償責任。

三、保險人的賠償責任

火災發生，造成損害，被保險人向保險人申請賠償，保險人應研判有無賠償責任。

保險人確定賠償責任有關的事項，歸納起來，大致上有下列幾方面：

　1.損害的原因

保險標的物損害的原因，合乎下述情形的，原則上，保險人負有賠償責任：

(1)火災直接所致損害。

(2)火災原因，不屬於「不承保危險」範圍內的。

(3)受損害的財物，在保險標的物範圍內的。

　2.保險契約的效力

上述「損害的原因」，經調查確認後，保險人負有賠償責任時，如保險契約的效力，不存在或不能維持，保險人可不負賠償責任。

與保險契約效力，有關的情形如下：

(1)保險契約無效。

例如，被保險人意圖不當得利而為重複保險；或有重複保險而故意不通知保險人時，保險契約無效。

(2)保險契約失效。

例如，保險標的物搬移至保險契約所載地址以外的處所，未於事先通知保險人，則自搬移之日起，保險契約失效。又如，保險標的物轉讓，未於事先通知保險人，保險契約會失去效力。

(3)保險人終止保險契約。

　　例如，有危險變更情事，被保險人未依保險契約規定，通知保險人；保險人可以自危險變更之日起，終止保險契約。

　　⑷保險人解除保險契約。

　　例如，要保人於訂立契約時，違反告知義務，保險人可以解除契約。

3.火災發生的時間

　　在保險期間內發生火災引起損害，保險人才負有賠償責任。

　　從「火災發生」至「火災消滅」，全部時間過程，與保險期間相對照，有下列三種情形：

　　⑴在保險期間開始之前，火災已經發生，而延燒至保險期間開始之後，火災才消滅。

　　⑵在保險期間內，發生火災；亦在保險期間內消滅。

　　⑶在保險期間內，發生火災；延燒至保險期間終了之後，才消滅。

　　上述三種情形，除第⑴種情形外，保險人對火災所致損害，負有賠償責任。

　　保險人承擔危險責任的結果，為賠償損害。損害的根源，即危險的發生。因此，以危險發生的時間，作為決定保險人是否負擔損害賠償責任的依據為宜。

4.保險費的繳付

　　依保險單的規定，保險標的物發生火災，造成損害時，被保險人尚未繳付保險費，保險人可不負賠償責任。

　　不過，在經營上，基於實際需要，多訂定有保險費繳付寬限期間。通常為自保險期間開始之日起算，或 15 日，或 30 日不等。在保險費繳付寬限期間內發生火災，被保險人尚未繳付保險費，

保險人亦負賠償責任。

但是，繳付寬限期間屆滿，被保險人尚未繳付保險費，保險人可以不負賠償責任。

5.發生損害的處所

保險標的物因火災而毀損滅失的處所，必須是保險單上所記載的處所（即「保險標的物所在地址」），保險人才負賠償責任。

四、損害金額的估計

經確定保險人負有賠償責任，需要估計損害金額，作為計算賠償金額的基準。

1.估計標準

損害金額的估計，以發生火災時當地市價為標準（基本條款第 14 條）。

因為保險的旨趣，在於填補損害，以期回復遭受損害前的經濟狀態。換句話說，保險人所賠償的金額，足夠被保險人購置原有財物，但不使被保險人因保險而獲得多餘的利益。

2.爭議的處理

被保險人與保險人，對於損害金額有所爭議時，為避免立即訴訟，可先由雙方選定無利害關係的第三人，作為公斷人，予以公斷（基本條款第 20 條）。公斷的結果，不為雙方同意時，可另行協商，或依法律途徑解決。

實務上，通常多由保險公司委請公證公司，估計損害金額。公證公司，係具有法定資格的公證人，應居於客觀立場，公正處理。公證人在處理過程中，為瞭解事實內容，對被保險人有所洽

詢，被保險人亦有直接提供資料或表達意見的機會。因此，公證人提出的公證報告，較容易被當事人雙方接受，或作爲另行協商的參考。

五、賠償金額的計算

損害金額確定後，就需計算賠償金額，再確定保險人應予賠償的金額。

1.決定賠償金額的要項

決定賠償金額的要項，爲保險金額與保險價額。

保險金額，係保險人負賠償責任的最高金額。保險價額，係被保險人遭受損害的最高金額。保險人在所負責任範圍內，就被保險人的損害，予以賠償。

因爲保險人以保險金額爲享受權利（收取保險費）的範圍，亦以保險金額爲履行義務（給付賠償金額）的範圍；同時，需要遵循損害塡補原則，維護保險的旨趣。

2.賠償金額的計算

基於上述原則，賠償金額，乃以保險金額與保險價額的比例，就損害金額，予以計算。

依此計算方式，可得如下決定賠償金額的結論性方法：

⑴不足額保險

分損，按保險金額與保險價額的比例，計算賠償金額。

全損，按保險金額賠償。

⑵足額保險

分損，按實際損害金額賠償。

全損，按實際損害金額賠償。亦即按保險金額賠償。

(3)超額保險

由於超額部份無效，其結果，與足額保險相同。即分損、全損，均按實際損害金額賠償。

(4)重複保險

一般採用的方式，有下列兩種：

(A)各保險人按各自保險金額與總保險金額的比例，計算賠償金額。

(B)各保險人按單獨賠償責任額比例，計算賠償金額。

這兩種方式，計算結果，除各保險契約，皆為足額保險或皆為不足額保險外，並不相同。實務上，以保險契約的規定為準。

六、給付

保險標的物的損害，與費用損害等，各項賠償金額計算後，合計總賠償金額，依保險契約有關規定，確定保險人應予賠償金額，並給付被保險人。

1.給付方式

應賠償的金額確定後，保險人即以現金為給付。如有必要，亦可以實物賠償。以實物賠償，即所謂「回復原狀」。「原狀」，指在合理範圍內，回復至類似保險標的物未毀損前的狀態而言。

2.給付後保險契約的效力

保險標的物發生全損，經保險人賠償後，保險契約即告終止。

保險標的物如為分損，保險契約繼續有效，其保險金額，則為扣除賠償金額後的餘額。

保險標的物發生分損，經修復後，被保險人要再回復原保險金額時，需自回復之日起，至保險期間屆滿之日止，就回復部份

的保險金額，再繳付保險費。

　　3.行使代位求償權

　　保險標的物如爲全損，保險人按保險金額賠償，倘有焚餘物，則歸屬保險人所有。如爲不足額保險，按比例處理。

　　保險標的物，因火災受損害，被保險人如有權對第三人請求損害賠償，保險人於給付後，可在賠償金額範圍內，代位行使該項求償權。

　　保險人行使代位求償權時，被保險人應予必要的協助。

第十二節　重置保險

　　一般火災保險，按保險標的物受損害的實際價值爲準，予以賠償。因此，被保險人必要重新建置或修復受害財物時，保險人所給付保險金，不足以支應其重置或修復所需費用。重置保險，可彌補一般火災保險的此一缺失。

一、重置保險的旨趣

　　「重置保險」，英國稱爲 Reinstatement or Replacement Insurance；美國稱爲 Replacement cost Insurance；日本稱爲「新價保險」。德國稱爲 Neuwertversicherung。

　　從名稱字義上，大致可看出此種保險的旨趣。即保險標的物因保險事故而毀損或滅失，需要重新購置、裝置，藉以回復原先的經濟活動或狀態，被保險人因而增加支出費用時，由此種保險予以補償。

　　例如：保險標的物爲建築物，使用十二年，發生火災而毀損，

依損害發生時當地市價，評估損害金額爲 200 萬元。被保險人需要修復該建築物以便繼續使用，修復費用爲 360 萬元。設若被保險人投保一般火災保險，可獲得賠償金額爲 200 萬元，則爲修復該建築物，需增加支出費用爲 160 萬元。如投保「重置保險」，可獲得賠償金額爲 360 萬元，便足以支應修復該建築物所需費用。則不至於保險事故發生，因而增加支出，引起另一種「損害」。

二、重置保險的產生

「重置保險」的濫觴，與財產保險一向所遵循的「損害塡補原則」，有密切關係。

以「所有利益」爲保險標的之財產保險，係以保險標的物的「市價」（即時價）爲依據，估計保險價額與損害金額，爲行諸多年的一種慣例。此一「市價」的涵義，爲保險標的物非新品時，需按新品價額扣減已經過年數及使用的折舊差額(allowance new for old)。

因此，建築物、設備、裝置物、機械、工具、器物、衣物家具等，所謂「使用財」，在估計實際價額時，就要按財物重新建造或設置的新價額，扣減新舊差額。

例如：一部機器毀損，重新購置新機器需要 100 萬元，即爲重新設置的新價額；原機器已使用二年，折舊爲 20 萬元，其「市價」則爲 80 萬元。保險人以 80 萬元爲準，塡補其損害。

此一「損害塡補原則」，在各國的立法例及條款中，均有明文規定。由於此一「市價主義」的採行，使被保險人感受到保險的功能，尙未能充分彌補保險事故所引起損害的缺失，因而有「重置保險」的產生。

三、重置保險的發展

1.對「重置保險」的需求

建築物、機器設備等保險標的物，係屬「使用財」，在經濟上需要繼續使用時，被保險人有必要將受災害的財物，重新修復或建置，因此不得不承受其金錢負擔。因為重新修復部分或重新建置，總是使用新的物品、新的器材。用過的舊貨，在舊貨市場未必能覓得合用的，何況在效能上、費用效果上、觀念上，多不願購買他人使用過的舊貨。因此，向來所採行「時價主義」的填補原則，保險人於扣除折舊額所給付的保險金，不足以購置新物品，被保險人尚須自己負擔新舊差額部分的費用。這種情形，就被保險人而言，並未能充分獲得保險的保障。

基於此一理由，第一次世界大戰後，有許多國家為因應此一需要，而產生了不扣除折舊額，按重置價額，予以承保的保險，即所謂「重置保險」，並且逐漸被接受。

2.重置保險的發展

1920 年代，德國面臨急劇的通貨膨脹情勢，對於向來所採行的時價主義的填補原則之適當性，提出重大疑問。當時德國的企業，其機械設備在戰爭期間及戰爭結束後，由於使用過度，已發生顯著的耗損，而被保險人又由於貨幣的急劇貶值，無法準備因應新舊差額所需流動資金。因此，領取了扣除折舊額後的保險金，想用來重置，回復原先狀態，幾乎不可能。以至於向來辦理的火災保險，在保障被保險人的效能上，形成極為無力的存在。

於是，德國工業聯合會等團體，乃提出辦理「重置保險」的強烈要求。但是，德國保險業對於「重置保險」的態度，當初顯

得相當消極，認爲新舊差額所需資金，企業本身應從備抵折舊中自行準備；若由保險公司來承擔，會增加道德危險。當時的主管官署也以違反「禁止不當得利」原則爲由，未予核准(1926 年)。

然而，由於需求者一方強烈要求的壓力，於 1928 年 12 月核准了「重置保險」。核准的理由爲「重置保險」並非「物」本身的保險，而是承保應該稱爲「重置利益」的特殊保險利益的一種保險，依此解釋，當不與禁止不當得利的原則相抵觸。

德國的「重置保險」，自核准開辦以來，逐漸發展，承保物件的範圍次第擴大，至今反而有取代以「市價」爲原則的保險。其後，法國、瑞士、日本等國，也相繼開辦「重置保險」。

四、重置保險的保險利益

「重置保險」所承保的保險利益，當屬「費用利益」。

被保險人因其保險標的物遭受毀損，爲回復原先經濟狀態，而增加支出費用，否則財產上將遭受不利益。因此，就被保險人而言，確有因保險事故發生，引起損害的事實，不論此一損害，在本質上、時間上，是否與一般的保險利益相同，被保險人卻因而增加費用支出，當可視爲「費用利益」。

五、重置保險概要

1.契約的形式

重置保險，就保險人賠償責任額度範圍大小以觀，可分爲兩種：

(1)以一個保險契約，就重置金額全部，負賠償責任。

(2)僅就新舊差額部分，負賠償責任，與一般的火災保險相對，

形成一種獨立形式的附加保險契約。

目前較爲普及的是第(1)種。英國、法國則採行第(2)種。

2.保險標的物

保險標的物，以建築物、設備、裝置、機械等使用財爲限。

商品、原料、材料、半製品、製成品等，不能作爲「重置保險」的承保對象。

3.除外不保的物件

保險標的物中，折舊性顯著的物件，不予使用的物品、呆料、廢棄品等，均予以除外不保。

這些物品，即使遭受損害，亦無必要再予修復、重置；折舊性顯著的物品，即使不遭受損害，也會在短近期間內，由被保險人自行負擔費用，予以汰舊換新，所以不適合「重置保險」。

此一原則，有明載於保險條款中的；有由保險人訂爲一種業務內規，由核保人員加以判斷而後作決定的。

4.重置義務

保險標的物遭受毀損，需予重置而引起的損害，要獲得保險人的賠償，其前題條件爲被保險人必須修復或重置受毀損的保險標的物。

重新建造或重新建置的物品，雖不要求必須與原先的物品，同一種類、同一型式；但用途及處所，必須要與原先的用途及處所一樣。

此一原則，多規定於保險條款中。被保險人如不予修復或重新建置，僅能按「市價」獲得賠償。

5.賠償額度

保險人對重置的賠償金額，以被保險人爲重置而實際支出的

必要費用爲限。但該項金額如比以市價爲準予以賠償的金額爲小時，則按市價應予賠償的金額，給予賠償。

因此，保險標的物遭受毀損時，通常是先按市價標準所需賠償的金額，先行賠償。然後，等待修復或重置實際完成，或者要進行重置情事被認定確實時，再按重置新價額爲標準，估算應賠償的金額，並就其差額(即扣減先行賠償金額後的餘額)，追加賠付被保險人。

上述3、、4.兩個原則，爲防止道德危險所不可或缺。若被保險人按重置新價額領取保險金後，不予修復或重新建置，即會發生新舊差額部分的實際金錢利得。如允許此種情事存在，道德危險勢必會增加。

6.保險價額與保險金額

⑴保險價額：以重新建置與保險標的物同一種類，同一型式的財物的新價額，爲保險價額。

⑵保險金額：在保險價額以內或與保險價額相等的保險金額爲有效。

保險價額，雖以保險標的物同一種類、同一型式的財物的重置新價額爲準，予以訂定。但實際理賠時，亦可以爲取得別種類型物品所需支出的金額，作爲重置費用。此乃考慮到，若限制被保險人必須取得與原先的物品完全相同的類型物品，並按其取得物品的價額，予以賠償，將無異強制被保險人去取得陳舊落伍物品，或不適合現在的經營狀況，甚至不適合現在生活環境的物品，或市場上早已不見的物品，則「重置保險」的社會性效用，將會喪失。

至於作爲「重置保險」成立要件的「被保險人有必要繼續使

用保險標的物」，意指遭受毀損時，需要再取得與原先保險標的物同樣機能(甚或效用)的物品。因此，在本質上，只要取得與原先保險標的物同樣機能(甚或效用)的物品，就可按其金額，予以「重置」損害賠償。

7.保險費率

「重置保險」的保險費率，多適用一般的火災保險費率。亦有採行收取附加保險費方式的。

第四章　海上保險

第一節　海上保險的研究方法

關於海上保險的研究，大致上可分為：⑴經濟學上的研究，⑵經營學上的研究，⑶法律學上的研究等三個部門。各部門從不同的角度與立場，研究海上保險有關事實與內容，達成其研究目的。在研究內容上，各部門雖有一定的範圍，但是彼此間卻有其關聯性存在。

一、研究內容

各部門的研究內容，概要如下：

　1.經濟學上的研究

經濟學上的研究，係將海上保險視為一種經濟措施或制度，就經濟學的觀點與立場，研究其與經濟有關的問題，論述海上保險。諸如：海上保險制度的概念、沿革、效用、應用、惡用、營運形態等的研究即是。

　2.經營學上的研究

經營學上的研究，係將海上保險當作一種產業、事業或企業，

從經營學的觀點與立場，研究其經營技術及經營上有關的問題。

諸如：業務的承攬、資產的運用、保險費率的釐訂、保險費的收取、保險金的給付（理賠）、自留額的決定、再保險的安排、會計處理、經營績效分析等的研究即是。

3.法律學上的研究

法律學上的研究，係將海上保險視為一種創設要保人、被保險人及保險人的權利義務的契約，從法律學的觀點與立場，研究及解釋其契約。

上述三個部門的研究，各有其重要性，難分軒輊。由於關心海上保險的各個人立場，或從事海上保險有關事業人員的工作立場，各有不同，因此選取研究的部門也不同。

在保險公司擔任承保、理賠工作的人員，與屬於要保人、被保險人這一方的貿易公司及海運公司，當以海上保險契約的研究為重要。

保險公司的總經理、經理等人員，居於經營者立場，所關心的是如何使保險費收入增加，如何使損害率降低，如何決定適當的自留額，如何妥善安排再保險等問題，自以經營學上的研究為重要。

二、研究途徑

海上保險的三個研究部門，大體上說，可分別在下述內容中，進行研究：

1.經濟學上的研究

可在保險學、保險理論、保險總論等研究中，對有關海上保險部份，進一步加以研究。

2.經營學上的研究

可在保險經營論、財產保險經營論、再保險論、保險會計等研究中，對海上保險的經營，進一步加以研究。

3.法律學上的研究

可在保險契約論、財產保險契約論、保險法論、海上保險法論等研究中進行。

不過，海上保險契約的內容，甚爲繁瑣複雜，其條款與涉及的法律也多，其中不少條款及法律，爲一般財產保險契約論等，所沒有或述及的。

因此，海上保險的法律學上的研究，宜與一般保險的法律學上的研究分離，單獨成爲一個研究部門，對海上保險法論、海上保險契約論，作專門的研究，較爲妥適。

三、研究方法

1.修習預備知識

在研究海上保險之前，應先研讀保險學、保險法及有關書籍，藉以獲得其預備知識。然後再研讀海上保險有關書籍，循序漸進，以獲得海上保險應具備的知識。

2.研修專門知識

具備海上保險知識後，再探究深一層的理論，涵養專門知識。如此，才能奠立正確的理論基礎，才能以正確的立論見解去探討、分析、評斷問題。

因此，對海上保險的理論體系與研究方法，宜有正確的領悟與把握，才能獲得成效。

主觀的經驗判斷，往往缺乏立論依據；片斷的見解，難有合

理而週延的析論；不作深入的研究，難以獲得縝密正確的結論。

四、研究英國法律

1.海上保險具有國際性

英國的海上保險市場發達得很早，聯帶地其海上保險契約的條款及法律，也確立得很早，並且傳播到世界各地的海上保險市場。

海上保險事業，係具有國際性的事業。貨物的所有權人、貨物的運送人、貨物保險人、貨物被保險人，可能分屬不同國籍的人。因此，需要使用爲保險人與被保險人等所共通的國際語言（文字）。所以，非英語系國家，尤其是亞洲地區，乃沿襲歷史最久的英國海上保險單，制定英文海上保險單供爲使用。

2.適用英國法律及習慣

由於英國的海上保險單，使用時間已久，有其法律背景與習慣依據。因此，沿用英國海上保險單（Lloyd's S.G. Policy）的國家，多在其保險單上，載明以英國的法律及習慣，作爲決定賠償責任的依據。例如下述：

This insurance is understood and agreed to be subject to English law and usage as to liability for and settlement of any and all claims.

後來，英國海上貨物保險單，經大幅度修改，擬供全世界統一採行，於 1982 年開始提供使用。初期，採行新舊保險單均可使用的雙軌式，最後希望以新保險單取代舊保險單。新格式的保險條款（19 條），已載明，適用英國法律及習慣。其文字如下：

This insurance is subject to English law and practice.

　3.沿用其保險單，必要研究其法律

　非英語系國家，既沿用英國海上保險單，宜以英國法律及習慣爲理賠依據。

　如不適用英國法律及習慣爲理賠依據，在釋義與論斷上，顯然與原有旨趣不相符合。論斷的結果，往往會有與原義出入的情形出現。

　因此，既沿用其保險單，必要研究其法律。

第二節　海上保險利益的意義

　有保險利益，才需要保險。海上保險利益，源自於海上財產。海上財產遭遇海上危險，使被保險人與海上財產之間，具有經濟上的利害關係。該利害關係的具體顯現，即爲損害。

一、被保險人應具有保險利益

　海上保險(Marine　Insurance)，係保險標的物(subject-matter insured)遭遇海上危險(marine risks)，而毀損或滅失(loss or damage)，致使被保險人受損害時，保險人予以塡補的一種保險。

　英國海上保險法(The　Marine　Insurance　Act,　1906：一M.I.A.)，明確規定被保險人(the assured)對保險標的物，必須具有保險利益。

　被保險人如無保險利益(insurable interest)存在，即使訂立保險契約，亦無保險的實質意義與效用。

二、保險利益的意義

1.對海上冒險有利害關係

凡是對海上冒險(marine adventure)，有利害關係存在的人，皆具有保險利益(M.I.A. 5(1))。

對海上冒險有利害關係，指暴露於海上危險中的海上財產，如安全或如期到達，即可得利益；如毀損、滅失或遲延，即受損害，或承擔責任而言(M.I.A.5(2))。

2.海上冒險指財產暴露於海上危險

暴露於海上危險(maritime perils)的財產，有船舶(ships)、貨物(goods)、其他動產(other movables)、運費(freight)、佣金(commission)、交易利益(profit)、金錢利潤(pecuniary benefit)、貸款(loan)、責任(liability)等(M.I.A.3(2))。

3.海上冒險須合法

可保險的海上財產,即「被保險財產」(insurable property)，暴露於海上危險中，而產生「利害關係」(interest)。此「利害關係」顯現的結果，使特定的人可得利益，或受損害，或承擔責任。

作為保險利益的「利害關係」，必須為法律(legal or equitable)上所確定的，即須合法。

4.無「利害關係」即無「保險利益」

「利害關係」有既已存在與將來會存在的，其具體的顯現，為經濟上的利益與經濟上的不利益的結果。因此，無「利害關係」(interest)，即無「保險利益」(insurable interest)可言。

5.保險利益的意義

綜就上述以觀，保險利益係指特定的人，對特定財物，於海

上冒險中，可能遭遇海上危險，而受損害；或未遭遇海上危險，可得利益；此種利害關係(interest)而言。

要言之，「保險利益」係指人與物之間的「利害關係」而言。

三、保險利益存在的時期

1.訂立保險契約時，保險利益存在的情況

訂立保險契約時，被保險人對保險標的物，有無保險利益存在，大致上有下列三種情況：

⑴訂立保險契約時，被保險人已有保險利益存在。

⑵訂立保險契約時，被保險人尚無保險利益存在。但可確定將來可取得保險利益。

⑶訂立保險契約時，被保險人並無保險利益存在，將來亦無保險利益可取得。

2.損害發生時，保險利益存在的情況

損害發生時，被保險人對保險標的物，有無保險利益存在，可大略分為下別三種情況：

⑴損害發生時，被保險人已有保險利益存在。

這種情況，可能包括上述⑴⑵兩種情況。即①訂立保險契約時，已有保險利益存在，一直維持至損害發生時；②訂立保險契約時，尚無保險利益存在，但在損害發生前已取得保險利益。

⑵損害發生時，尚未取得保險利益，惟將來會取得。

這種情況，為訂立保險契約時，尚無保險利益，惟將來可確定取得保險利益(即上述⑵)；但在取得保險利益之前，損害已經發生，亦即損害發生後，才取得保險利益。

⑶損害發生時，並無保險利益。

　　這種情況的發生，有三種可能：①訂立保險契約時，有保險利益存在，但在損害發生之前，被保險人已無保險利益。②訂立保險契約時，尚未取得保險利益；其後取得保險利益，但在損害發生之前，被保險人又喪失保險利益。③被保險人根本無保險利益，即訂立保險契約時，無保險利益存在，將來亦無保險利益可取得。

　　3.保險利益存在的時期

　　原則上，損害發生時(the time of the loss)，被保險人對保險標的物，必須具有保險利益。

　　被保險人有保險利益，才會遭受損害，保險人才給予填補損害。反之，被保險人不會遭受損害，保險人毋須履行填補責任。

　　因此，訂立保險契約時，有無保險利益存在，並不重要。此外，保險契約成立之時，保險人的保險責任，並非必然隨即開始，有無保險利益存在，並無實質意義。只要在保險事故發生時，可以確定被保險人對保險標的物，有其保險利益存在即可。

　　關於保險利益必須存在的時期(when interest must attach)，英國海上保險法(M.I.A.6)，有所規定，其要旨大致如下：

　　⑴損害發生時，被保險人對保險標的物，必須具有保險利益。但在訂立保險契約時，有無保險利益，皆無不可。

　　⑵損害發生時，被保險人對保險標的物，具有保險利益，但尚未訂立保險契約。被保險人不知保險標的物已經發生損害，而與保險人訂立保險契約，此時被保險人，並無保險利益存在，但如以「滅失與否」(lost or not lost)爲條件，予以保險時，保險人對該損害，負有填補責任。

(3)損害發生時，被保險人尚未取得保險利益，但被保險人不知保險標的物已經發生損害，而與保險人訂立保險契約，如以「已滅失與否」（lost or not lost）爲條件，予以保險時，保險人對該損害，負有填補責任。

(4)損害發生時，被保險人並無保險利益，在知悉損害發生後，便不可用任何行爲或選擇，取得保險利益。

第三節　海上保險利益的內容

海上保險，以船舶、貨物爲保險標的物，同一被保險人或不同的被保險人，與船舶、貨物之間，有不同的利害關係存在，依其存在關係，予以分類，可看出保險利益的內容。

一、保險利益的分類

當船舶、貨物，因海上危險（maritime risks）而毀損滅失，會使被保險人遭受不同性質的損害。這些不同性質的損害，亦即不同的利害關係，可予保險的，即爲不同的保險利益內容。

這些不同的保險利益內容，依其存在關係，予以分類，大致上，可分類如下：

(1)所有利益。

(2)抵押利益。

(3)使用利益。

(4)支付利益。

(5)收益利益。

(6)費用利益。

(7)責任利益。

所有利益、抵押利益、支付利益等，屬被保險人現有財產，因海上危險事故發生而喪失。

收益利益，屬可期待於將來取得的財產，因海上危險事故發生而受到妨害。

費用利益、責任利益等，係因海上危險事故發生的結果，致被保險人必須支出費用，或負擔損害賠償責任，使被保險人的資產減少，或負債增加。

二、各類保險利益的內容

保險利益的分類內容，亦即保險利益的不同內容。

1.所有利益

所有利益，係基於所有權而具有「利害關係」(interest) 的一種保險利益 (insurable interest)。

例如：船主對船舶，因有所有權而有利害關係存在。當船舶發生毀損滅失，船主即遭受損害。

保險標的物，為二人以上所共有時，各人對其持分有其「所有利益」。

所有權，可期待於將來取得的，亦有「所有利益」。例如：(1)船舶，已經買妥，購買人在辦理所有權移轉登記期間，尚未取得所有權狀，但可期待於將來取得。(2)貨物，進口商尚未付款，出口商已交付貨物，由進口商負擔危險責任，就所有權的移轉而言，進口商尚未取得所有權，但可期待於將來取得。這一類型的「所有利益」，通常發生於交易已經完成，所有權移轉尚未正式完成時。

2.抵押利益

抵押利益，係基於抵押權而具有利害關係的一種保險利益。此處所謂「抵押」，包括不動產的抵押與動產的質押。

債權人，為確保債權，以債務人的船舶、貨物等，作為擔保。當債務人不清償債務時，債權人與擔保品之間，便有利害關係存在。即擔保品發生毀損滅失，不能受償，而遭受損害。故債權人，對抵押品雖無所有權，却有「抵押利益」這一種保險利益。

3.使用利益

使用利益，係基於使用他人之物，而具有利害關係的一種保險利益。

例如：船舶租用人，對船舶有租用權的利益，當船舶遭遇海上危險而毀損滅失，無船舶可使用，租用權的利益受到損害，此即租船人對船舶的「使用利益」。

4.支付利益

支付利益，係基於對暴露於海上危險的船舶或貨物的某種利益支付費用，而具有利害關係的一種保險利益。

例如：(1)船費；為從事航海，需要準備於航海中供作消費的船員及旅客的食物、燃料、機械油、衛生用品等，而支出的費用，為船費的一部份。當船舶因海上危險而不能完成航海時，這些費用不能從收益中回收，而遭受損害。(2)為將貨物運送到目的地，交付運費給運送人。貨物在運送途中毀損滅失，託運人即遭受該項損害。

上述這些損害，皆屬此類保險利益。

5.收益利益

收益利益，係基於以船舶、貨物等為媒介，可期待取得利益、利潤或報酬，而具有利害關係的一種保險利益。

例如: (1)使用船舶運送貨物, 可收取的運費。(2)對船舶或貨物交易, 提供仲介服務, 可獲得的報酬。(3)對貨物銷售後, 可獲得的預期利益。(4)船舶租與他人, 可收取的傭船費。

上述這些收益, 並非現存利益, 係將來可取得的期待利益。但當船舶、貨物因海上危險而毀損滅失時, 即告喪失, 為一種經濟上不利益的結果, 屬此類保險利益。

6.費用利益

費用利益, 係基於因海上危險發生, 必須支付費用, 而具有利害關係的一種保險利益。

例如: (1)船舶遭遇海難, 貨物必須轉船時的各項轉船費用。(2)船舶遭遇海難或被封鎖, 以致航海遲延, 而多支付船員的薪資、食物、燃料等費用。(3)損害防止費用, 損害調查費用等。

上述這些費用, 皆因遭遇海上危險事故而必須支出; 換句話說, 若航海平安無事, 就毋須支出。此等費用, 屬於此類保險利益。

7.責任利益

責任利益, 係基於因海上危險發生, 依法對第三人的損害, 負有賠償責任, 而具有利害關係的一種保險利益。

例如: (1)船舶與他船碰撞, 對他船船主, 應負的損害賠償責任。(2)船舶租用人, 對租用船舶的損害, 應負的賠償責任。(3)未能於買賣契約所訂期限內, 將貨物交付買主, 賣主須支付違約金時, 船主應負的給付責任。(4)共同海損分擔責任等。

負有損害賠償責任的人, 於履行賠償責任後, 自己承受了損害, 即屬此類保險利益。

8.取得利益

取得利益，係基於有權取得財物，而具有利害關係的一種保險利益。

取得財物的權利，係以現存的原有權利爲基礎的「未確定權利」(inchoate right)。

此類保險利益，即英國海上保險法 (M.I.A.7) 上的「可消滅利益」(defeasible interest) 或「不確定利益」(contingent interest)。

例如：⑴船舶的捕獲人，對取得的船舶，有其保險利益，屬「可消滅利益」或「不確定利益」。捕獲人的「取得利益」，消滅於船舶捕獲檢察所裁定發還船舶時。⑵買方對其購買的貨物，有「取得利益」。如買方明確表示拒絕收受貨物，該項「取得利益」即告消滅；歸由賣方取得貨物，賣方有「取得利益」。

第四節　海上保險價額

保險利益，係屬理論性概念，保險經營上，給予具體化數值，爲保險價額。在保險期間內，保險價額可能發生變動；以及被保險人需求保險保障的程度，有其現實性；因此，保險價額的訂定，兼顧正當性與實用性。

一、保險價額的意義

1.保險利益、以金錢估計所得之價額

保險價額 (insurable value)，爲被保險人與保險標的物之間，所具有的利害關係程度，而以金錢估計所得之價額。

因此，保險價額，爲被保險人可能遭受損害的最高額度。財

產保險，基於損害填補原則及禁止因保險而有不當得利的原則，被保險人所受填補的額度，自以保險價額爲限。

2.不能事先訂定的保險價額

海上保險的保險價額，並非都能夠於事先訂定。

例如：「費用利益」與「責任利益」，無法於海上危險發生之前，先行估定因費用支出（費用利益），或負擔賠償責任（責任利益），所致損害將爲多少；因此，無法事先確定其保險價額。

實務上，係採取權宜措施。

例如：船舶碰撞責任保險，由於事先無法估計損害賠償責任，往往以船舶的保險價額，作爲船舶碰撞責任保險的保險價額。亦有由保險契約當事人，協商約定金額，作爲責任保險的保險價額。

3.一般價額與特別價額

保險價額，可分爲一般價額與特別價額。

一般價額，指被保險人，處於一般人通常的情況下，可有的價額而言。

特別價額，指居於被保險人的立場，依其特別的客觀狀況，可決定的價額。

例如：(1)貨物的一般出售價額，爲一般價額；實際的進貨價額，則爲特別價額。(2)貨物預期利益的保險價額，一般爲貨物價額10%，此爲一般價額；若爲貨物價額30%，即特別價額。

二、保險價額的性質

1.保險價額可變動原則

保險價額的性質，有二：(1)在保險期間內，不具變動性；(2)在保險期間內，具有變動性。

例如：船主以一定金額的運費，承攬運送貨物，其運費收入的保險價額，不會發生變動。船舶或貨物，因市場價格的變動，其保險價額，會發生變動。

在理論上，保險價額會發生變動，即所謂「保險價額可變動原則」。

2.法律上規定不變動

法律上規定，以保險人責任開始時或運送開始時，保險利益的價額，作為保險價額；而且，此保險價額，在保險期間內，固定不變動。

3.超額部份無效

保險金額，如超過保險價額，即為超額保險（over insurance），其超額部份無效。

評斷有無超額保險，宜以保險人責任開始時為準，作為決定的依據。如當時並無超額保險存在，其後似可無視超額保險的出現。例如：訂立保險契約時，為足額保險；其後，由於幣值變動或市場價格跌落，實質上的保險價額，顯著減少，而出現超額保險；當不宜視為超額保險，加以處理。

法律上，規定以保險人責任開始時為準，評估保險價格，在保險期間內，並為不變動，則上述情形，當不成問題。

實務上，為避免實質上的超額保險存在，有以保險條款規定，在保險期間內，保險價額顯著減少時，保險人得在規定時間內，預告被保險人，將保險價額與保險金額，一併予以減少，亦得終止其保險契約。

三、海上保險價額的訂定方式

海上保險價額的訂定方式, 有二: ⑴依法律規定, 予以訂定, 此稱為法定保險價額。⑵由保險人與被保險人協商, 予以約定, 此稱為協定保險價額。

1.法定保險價額

船舶與貨物, 在航海或運送中, 因時、地的客觀事實變動, 其價額亦可能隨之變動。尤其在海上發生損害時, 要正確估計其損害金額, 事實上, 甚為困難。因此, 以法律訂定評估標準, 有其必要。

依法律規定的評估標準, 訂定的保險價額, 即法定保險價額; 一般稱「保險價額」(insurable value)。

英國海上保險法(M.I.A. 16⑶), 對於貨物保險價額的訂定, 有如下規定: 關於貨物或商品之保險, 其保險價額為被保險財產之原價, 加上裝船費用及隨著裝船所生費用, 及其全部保險費用。(In insurance on goods or merchandise, the insurable value is the prime cost of the property insured, plus the expenses of and incidental to shipping and the charges of insurance upon the whole)。

我國海商法(77條)規定:「關於貨物之保險, 以裝載地裝載時之貨物價額, 裝載費、稅捐、應付之運費、保險費及可期待之利得, 為保險價額」。

英國海上保險法的規定, 與我國商法規定, 不盡相同。惟均可資為例。

2.協定保險價額

　　法律規定保險價額的評估標準，旨在保護正當利益，便於實務處理。不過，實際上，要很正確評估其價額，需要相當手續克服困難，時間上及實用上，難予因應被保險人的需要。

　　由於上述法律規定，並非強制規定，因此保險契約當事人於雙方同意下，得以另行約定保險價額，以應交易上的實際需要。由保險人與被保險人協商，約定的保險價額，即協定保險價額。

　　海上保險單，可為定額，亦可不定額。保險單上，載明保險標的物之協定價額的，即為定額保險單（valued policy）。（M.I.A. 27(1)(2)）。通常多以協定保險價額，作為保險金額。保險價額未經當事人協定，亦未載明於保險單上的，即為不定額保險單（unvalued policy）。

　　保險人與被保險人，對保險標的物所協定價額，可高於實際價值，亦可低於實際價值。但協定價額，顯著不當時，保險人得減少賠償金額（日商法 639 條）。協定價額，如有詐欺情事，保險人得不受其拘束（M.I.A. 27(3)）。

　　協定保險價額，並不具有絕對性，保險人與被保險人協定價額時，應力求適當，以維持「協定保險價額」的實用性，並維護保險的損害填補原則與禁止不當得利原則的精神。

　　協定保險價額，是否「顯著不當」，當以一般交易的見解為基礎，依據評估當時的特殊情況事實，加以研判。

　　評估保險價額時，被保險人如有詐欺或未將重要事實向保險人說明，則不僅是協定價額，有顯著不當問題，而且有違反告知義務的問題。保險人得依有關規定，予以處理。

第五節　海上保險金額

　　保險金額，可以任意訂定；是被保險人獲得保障的額度，亦即保險人負賠償責任的額度。故保險金額的訂定，及理賠時的適用，與保險契約當事人的權利義務，有聯帶關係。

一、保險金額的意義

　　1.被保險人獲得保障的額度

　　保險金額(insured amount; sum insured)，由要保人或被保險人，斟酌自己需要獲得保障的程度，任意訂定。但超過保險價額部份無效。

　　2.保險人負賠償責任的額度

　　保險金額，係計算保險費的基準。因此，保險金額，劃定了保險人的權利(收取保險費)範圍，也劃定了保險人所負義務(支付賠償金額)範圍。所以，一般保險人的賠償金額，乃以保險金額為限。

　　依保險契約規定(I.C.C. (A) 16)，被保險人為履行損害防止義務，因而所生費用，即「損害防止費用」(sue and labour charges)，其適當而合理的，另由保險人償還(reimburse)被保險人，不受保險金額的限制。保險人承擔此類費用，以調整保險費率的方式處理，不以保險金額給予限制。

二、保險金額的適用

　　保險金額，係保險人負賠償責任的額度。此一「額度」的適

用，有兩種情形：(1)以整個保險期間爲準，(2)以每一次保險事故爲準。

1. 以整個保險期間爲準時

保險人在保險期間內，不論賠付的次數，其賠償金額累計，以保險金額爲限。

設例如下：

(1)保險金額與保險價額，皆爲 600 萬元。保險事故發生，損害金額爲 600 萬元。保險人賠償 600 萬元，保險契約即告終止。

(2)保險金額與保險價額，亦皆爲 600 萬元。第一次發生保險事故，損害金額爲 160 萬元，保險人賠償 160 萬元。第二次發生保險事故，損害金額爲 260 萬元，保險人賠償 260 萬元。兩次賠償金額，合計 420 萬元。因此，剩下可適用保險金額爲 180 萬元。

火災保險，適用保險金額，多爲此種情形。

2. 以每一次保險事故爲準時

在保險期間內，每一次保險事故發生，保險人的賠償金額，皆可達保險金額，不受賠償次數與賠償總金額的限制。但以賠償後，保險事故再發生前，保險標的物已經回復原狀的爲限。亦即在保險標的物回復原狀之前，又發生損害時，保險人再予賠償的金額，連同已賠付金額，合計仍以保險金額爲限。

例如：某船舶，保險金額與保險價額，皆爲 7,000 萬元。第一次保險事故，係因颱風而發生擱淺，施救費用與修繕費用，合計 2,000 萬元，保險人賠償 2,000 萬元。該船舶經修復後，其保險金額，即回復爲 7,000 萬元。其後，該船舶又因遭遇惡劣天候而沈沒，全部滅失；滅失之前，曾加以施救，救助費用 1,000 萬元。此次保險人應賠償金額，爲 8,000 萬元。該船舶，前後兩次保險事故，保

險人所賠償的金額，合計 10,000 萬元。

3.法律上的規定

保險標的物，在保險期間內，連續發生損害時，與保險金額的適用有關係。

英國海上保險法，關於「連續損害」(successive losses)的處理，分別就全損與分損，加以規定(M.I.A. 77)。其規定內容大要如下：

除保險單及本法另有規定外，保險人對連續損害負有賠償責任，即使其損害金額，超過保險金額亦然。

但在同一保險單內，發生分損，在未修補或以其他方法修復之前，又發生全損時，被保險人僅能就全損部份，向保險人請求賠償。

保險人依損害防止條款(swing and labouring clause)，應負的責任，不受本條文規定的影響。

從上述條文的規定，可以看出，海上保險係以每一次保險事故為準，適用其保險金額。

三、保險金額與賠償金額

1.足額保險

保險金額，與保險價額相同，為足額保險(full insurance)。

足額保險，原則上，按實際損害，負賠償責任。即全損，按保險金額賠償；分損，按實際損害金額賠償。

不過，亦有例外：

(1)如被保險人需要分攤救助費用(salvage charges)或共同海損(general average loss)，在計算分攤額時，非以保險金額為

準，而以發生事故時保險標的物之實際價額爲基礎，因其價額超過保險金額，被保險人所應分擔的金額，隨著增加。在此情況下，保險人對被保險人的分擔額(contribution)所負賠償責任，按保險金額與保險標的物實際價額之比例計算(M.I.A. 73)。換句話說，保險人對被保險人的分擔額，並不負全部賠償責任。亦即，並非按實際損害金額，予以賠償。

例如：船舶的協定保險價額 7,000 萬元，保險金額訂爲 7,000 萬元。船舶的實際價額爲 8,000 萬元。該船舶須分擔共同海損費用及救助費用。其計算係按實際價額爲基礎。則被保險人（船主）僅能按 8 分之 7，向保險人請求賠償其分擔額(contribution)。

⑵保險單上，如有訂定損害減扣金額，或減扣比率(百分比)時，保險人的賠償金額，亦可能與實際損害金額不一樣。

2.不足額保險

保險金額，小於保險價額，爲不足額保險(under insurance)。

不足額保險的賠償金額：全損，按保險金額賠償；分損，按保險金額與保險價額的比例計算。

例如：貨物保險價額 1,000 萬元，保險金額 700 萬元。全損時，賠償 700 萬元；分損，如爲 300 萬元，則賠償 210 萬元。

對於間接損害，保險人亦按保險金額與保險價額的比例，計算賠償金額（M.I.A. 81，保險法 77 條，日商法 636 條）。

損害防止費用，損害調查費用，共同海損分擔額，船主的碰撞損害賠償責任等，均屬間接損害。

3.超額保險

保險金額，大於保險價額，爲超額保險(over insurance)。

超額保險，通常發生於未經評估保險價額的保險契約。

超額保險，其超額部份無效。

因此，不論全損或分損，保險人均按實際損害金額，予以賠償。

四、重複保險的保險金額

被保險人以同一保險利益，與二個或二個以上保險人分別訂立同一保險事故的保險契約，其保險期間相同或部份重複，保險金額合計，超過保險價額，即為重複保險(double insurance)

重複保險的保險金額，在決定賠償金額的效用上，由於重複保險的理賠方式不一，與上述情形，不盡相同。

重複保險的理賠方式，有(1)順位主義，(2)比例主義，(3)連帶主義。

1.順位主義

順位主義，又稱優先主義。係基於先行訂立的保險契約（先順位契約），其權利義務不受後來訂立的保險契約（後順位契約）影響的見解，認為先順位契約照原有效力存在，後順位契約於先順位契約按保險金額賠償後，僅就其保險金額與保險價額（損害金額）之差額為準，對該差額部份有補充性的效力（日商法 633條）。

設例說明如下：

甲保險人，屬先順位契約，保險價額 300 萬元，保險金額 200萬元；乙保險人，屬後順位契約，保險價額 300 萬元，保險金額200 萬元。

(1)全損：損害金額 300 萬元，則甲保險人賠償 200 萬元，乙

保險人賠償 100 萬元。

(2)分損: 損害金額 220 萬元, 則甲保險人賠償 200 萬元, 乙保險人賠償 20 萬元。

2.比例主義

比例主義, 又稱分擔主義。不問契約訂立的先後, 將有關係的契約置於平等的地位, 按一定標準的比例, 分擔損害。其標準有二: (1)按保險金額的比例, (2)按單獨賠償責任額的比例。

依據的標準不同, 計算所得結果, 有時亦不相同。

簡單設例說明如下:

甲保險人, 協定保險價額 200 萬元, 保險金額 200 萬元; 乙保險人, 協定保險價額 150 萬元, 保險金額 150 萬元。損害金額 70 萬元。

(1)按保險金額的比例

甲保險人賠償 40 萬元, 乙保險人賠償 30 萬元。

$$700,000 \times \frac{2,000,000}{2,000,000+1,500,000} = 400,000 \text{（甲）}$$

$$700,000 \times \frac{1,500,000}{2,000,000+1,500,000} = 300,000 \text{（乙）}$$

(2)按單獨賠償責任額的比例

甲保險人賠償 35 萬元, 乙保險人亦賠償 35 萬元。

甲、乙保險契約, 均為足額保險。若無重複保險, 由甲或乙單獨賠償時, 均應賠償 70 萬元, 此即單獨賠償責任額。甲、乙責任額相同, 故為對分, 各分擔 35 萬元。

3.連帶主義

不問契約訂立的先後, 各保險人在其保險價額範圍內, 以各

自的保險金額爲限，負連帶賠償責任(M.I.A.32)。

設例說明如下：

甲保險人，協定保險價額 1,000 萬元，保險金額 700 萬元；乙保險人，協定保險價額 800 萬元，保險金額 600 萬元。

發生全損，被保險人先向甲保險人請求賠償，甲保險人按保險金額，賠償 700 萬元。被保險人再向乙保險人請求賠償，乙保險人以其協定保險價額 800 萬元，減去甲保險人的賠償金額 700 萬元後，予以賠償 100 萬元。

第六節　船舶保險

海上保險，以船舶、貨物爲保險標的物，乃就此分爲船舶保險與貨物保險兩大類。

本節船舶保險，除「船舶保險」之外，並包括與船舶有關的運費保險、船費保險、預期運費保險、船舶損失保險等。

一、船舶保險

1.保險標的物

船舶保險(Hull lnsurance)，以船舶(Ship; Vessel)爲保險標的物。

所謂船舶，指在海上航行，及在與海相通水面航行，運送人或物的建造物。亦即一般交易運送上，所稱的船舶。

因此，非用於海上運送人或物的遊艇、餐旅船等，並非船舶保險所謂的船舶，乃稱之爲「準船舶」。建造中的船舶，亦視爲準船舶。保險人承保「準船舶」時，以其特有的名稱，載明於保險

契約。例如，「船舶建造保險」。

2.船舶保險標的物範圍

船舶係一結構複雜的建造物，除了船體外，還有發動機械裝置、舵機、推動器、檣桅等，及其他屬具設備，這些都是構成船舶的一部份。

英國海上保險第一附則，對於船舶一詞的解釋，包括船體、物料、裝備、船員的食物、儲備品，及因應交易上需要的航海裝備、機械、鍋爐、燃料、器械儲備品等在內。

因此，船舶保險標的物範圍，概要以言，包括船體及其設備、屬具等。

3.船舶保險價額

(1)依法律規定評估的價額

船舶保險之保險標的，以「所有利益」為主。以此類保險利益作為保險標的，實際上，係保障船舶本身的利益。

因此，船舶保險價額，依法律規定評估時，係以保險人責任開始時的船舶價額，為保險價額（海商法176條）。該船舶價額，當指與作為保險標的物的船舶、同種類船舶新建造費用，扣減依船齡予以折舊金額後之所得價額。

例如：被保險船舶，於五年前新建造的費用(船價)，為3億元。現在新建造的費用，為5億元，使用五年的折舊金額為1億元。則現在該船舶的保險價額，為4億元。五年前的新造價3億元，不予考慮。

在理論上，以損害發生當時的船舶實際價額為準，較為妥切。不過，船舶若在汪洋大海中發生損害，要評估其實際價額，有其困難。因此，上述海商法規定，以保險人責任開始時的船舶價額，

作爲保險價額。此一評估方式，對希望足額保險，又未協定保險價額的被保險人而言，亦可避免超額保險或不足額保險的情事發生。

(2)協商訂定的價額

實際上，船舶保險價額，多由保險契約當事人協商訂定。保險價額，一經協商訂定，即取代法定保險價額，保險契約當事人受其約束。事先協商訂定價額，可避免事後評估的麻煩或無謂的爭議。

保險金額，與協定保險價額相同時，保險人所負擔的損害責任，不論全損、分損、修繕費、救助費等，在保險金額範圍內，保險人均按實際損害金額，予以賠償。

例如：船舶的實際價額爲 1 億元，其協定保險價額爲 7,000萬元，保險金額也是 7,000 萬元。保險事故發生，致使船舶毀損，修繕費用爲 2,000 萬元，保險人應賠償 2,000 萬元。

協商訂定價額，須力求適當。因此，宜事先釐訂協定保險價額的標準，並依其價額的高低，採行差異費率，使保險人承擔保險責任與被保險人負擔保險費，趨於合理化。

例如：

最高船價（即協定保險價額的最高額度）：

按船舶的造價，另加出航費用 7%爲基礎，扣除折舊費用後的價額，作爲最高船價。

最低船價（即協定保險價額的最低額度）：

以最高船價的 60%，作爲最低船價。

折舊費用：

按船齡依比率計算。船齡滿一年，爲 2.6%；滿五年，爲 13%；

滿十年，爲 26%；滿二十年，爲 52%。

在最高船價與最低船價之間，船舶所有權人可自由協定其保險價額。以最高船價爲協定保險價額，其保險費率，理應低於以低於最高船價爲協定保險價額的保險費率。因爲兩者發生分損時，保險人的責任並無不同。若費率相同，保險人承擔的責任，有欠合理。如以低於最低船價爲協定保險價額，原則上，按不足額保險處理。

二、運費保險

1.保險標的

運費保險(Freight Insurance)，以船舶爲保險標的物，運費爲保險標的。運費保險利益，發生於運送契約訂立時。如無運送契約的訂立，便無運費保險利益。

2.運費的內容

運費(freight)，指運送貨物的報酬而言。

海上保險所稱運費，包括三種類型：

⑴通常的運費：運送他人貨物可收取的報酬。即一般交易觀念所瞭解的運費，但預付運費(advance freight)，不包括在內。

⑵傭船費：將船舶提供爲傭船可收取的報酬。即傭船費(chartered freight)。

⑶自用船的運費：船主或傭船人，以其船舶運送自己的貨物可推定的利益。即自用船的運費(owner's trading freight)(M.I.A.90,R.C.P.16)。

3.運費保險價額

運費，可分爲總運費與淨運費。

總運費，包含運費及爲取得運費的各項費用。

淨運費，不包含爲取得運費的各項費用。

一般多以總運費作爲保險價額(M.I.A.16(2)；海商法 179 條)。亦可以淨運費，作爲保險標的，定其保險價額。淨運費金額，未經約定時，以總運費 60%，作爲淨運費 (海商法 179 條 2 項)。

實務上，以運送契約訂明的運費金額，作爲保險價額。

三、船費保險

1.保險標的

船費保險，以船舶爲保險標的物，船費爲保險標的。

2.船費的內容

船費(disbursements)，可爲狹義與廣義之分。

(1)狹義的船費：指爲從事航海而準備燃料、機械油、食物及其他消耗品，供航海途中在船舶上消費，而支出的費用。

(2)廣義的船費：指爲準備從事航海所需費用，及要完成航海所需費用。因此，除上述消耗品費用外，還包括船舶員工工資，拖船費用，海關各項費用，預付船員薪資，保險費用，墊付船舶代理人手續費等在內。

3.船費保險價額

船費保險價額，可以保險人責任開始時，爲準備及完成被保險航海而支出的各種費用的總金額爲準，予以訂定。

不過，由於船費的「實際費用」的確實性的認定，並無類似運送契約之類文件，可資爲憑。因此，保險契約多加以規定。例如：

(1)英國的 Institute 10%　Disbursements Clause 規定：

船舶保險，附加船費保險的總金額，不得超過船舶保險所承保船舶價額 10%。

(2)日本的「船費保險契約制限特別約款」規定：

船費保險的總金額，不得超過船舶保險金額 15%。

船費保險，在實務上，係附加於船舶保險契約上的一種保險。

四、預期運費保險

1.保險標的

預期運費保險，以船舶為保險標的物，預期運費為保險標的。

2.預期運費的意義

預期運費，指現在尚未訂立運送契約，而將來可取得運費的期待，有其確實性，其價額可作相當正確的預定，並可簽訂運送契約而言。

3.預期運費的認定

預期運費保險利益，僅限於如無海上危險介入其間，將可獲得之有其決定性證據的利益。

例如：船主為裝載一般貨物，乃將船舶開往可停泊下錨的處所。在途中發生事故，船舶滅失。船主能提出證明，如不發生此一事故，船舶將可裝載貨物，而獲得運費時，可向保險人請求賠償。

茲就上述，設例如下：

有一批貨物，要從高雄運往紐約。臺灣海運公司高雄分公司，希望與貨主簽訂運送契約。貨主卻表示，貨物要裝載於先到達高雄，並先向紐約發航的船舶；如果臺灣海運公司的船舶先到達高雄時，可交其裝運。因此，並未與臺灣海運公司簽訂運送契約。

於是，臺灣海運公司高雄分公司即打電報給臺北總公司，請求指派公司自有的船舶儘快開到高雄。總公司依照電報的請求，指派船舶向高雄發航。該船舶，若平安到達高雄，便有十分把握可裝載該批貨物；若在前往高雄途中，遭遇海上危險的毀損，便無法裝運該批貨物。在這種情況下，船主有預期運費的保險利益存在。

因此，如僅以將來有賺取運費的可能性，而無可資證明其確定性的，並無預期運費的保險利益存在。蓋船舶的營運，本來就是以賺取運費爲目的，亦有其可能性，汎汎地預期可賺取的運費，並非「預期運費」。必須對特定的預期可賺取的運費，已有實際行動，才具有利害關係，即保險利益才會存在。

4.預期運費保險價額

預期運費的保險價額，以將來簽訂的運送契約，可取得的運費爲基礎，予以訂定。

五、 船舶停航損失保險

1.保險標的

以船舶停航的損失，作爲保險標的。

船舶停航的損失，指因船舶發生毀損，一時不能使用而停航，致不能從運費所得中回收船舶經常費或不能取得傭船費，所致損失。

2.承保危險

以沈沒、擱淺、火災，及與他船碰撞等特定危險爲限。亦即船舶發生毀損而停航的原因，以這些危險爲限。

3.船舶經常費的內容

船舶經常費，爲維持船舶的機動能力所必要的固定費用。其

內容概括直接船費與間接船費。

(1)直接船費: 有船員費用, 船用物品費用, 潤滑油費用, 修繕費用等。修繕費用, 包括定期檢驗費, 期中檢驗費, 船渠費用, 小修繕及其他爲維護船舶所必要的修補費用等。

(2)間接船費: 有貸款利息、保險費, 固定資產稅, 公司一般管理費, 折舊費等。

4.船舶停航損失保險的性質

可承保船舶停航損失的保險, 原有「運費保險」與「船費保險」。不過, 這兩種保險, 承保此類損失的保險條件, 爲「全損賠償」(Total Loss Only: T. L. O.)。因此, 船舶毀損的程度, 不構成全損時, 在船舶不能使用而停航期間, 所支出的船舶經常費, 與因斷租(off hire), 而不能取得傭船費所致損失, 並不能獲得賠償。爲使這一類損失能獲得填補, 乃有「船舶停航損失保險」。

船舶停航損失保險, 在承作上, 並不簽訂獨立保險契約, 而以附加方式, 附屬於船舶保險契約。

5.保險價額

船舶經常費部分: 以相當於保險契約上所記載的船舶, 一年的經常費金額爲準, 訂定其保險價額。

傭船費部分: 以訂立保險契約時的傭船費爲基礎, 估計全年的傭船費金額, 訂定其保險價額。並以保險價額365分之1的金額, 作爲1日份的損失。

第七節　貨物保險

本節貨物保險, 除「貨物保險」之外, 並包括與貨物有關的

貨物預期利益保險、保險費保險等。在實用上，可資瞭解其相關性及內容。

一、貨物保險

海上貨物保險(Marine Cargo Insurance)，簡稱貨物保險(Cargo Insurance)，俗稱貨物水險。

1.保險標的物

貨物保險，以貨物(goods)為保險標的物。

貨物一詞，一般概念係指海上運送客體的有體物而言。或稱貨載(cargo)，或稱貨物(goods)。

2.貨物的意義

英國1906年海上保險法的保險單解釋規則(Rules for Construction of Policy：R. C. P.)第17條，對於貨物(goods)一詞的解釋如下：

The term "goods" means in the nature of merchandise, and does not include personal effects or provisions and stores for use on board.

In the absence of any usages to the contrary, deck cargo and living animals must be insured specifically, and not under the general denomination of goods.

依此解釋，海上保險所稱「貨物」，係指具有商品性質的貨物。因此，下列各項，皆非「貨物」：

⑴隨身私有物。

⑵在船上消耗的儲藏品及食物。

⑶裝載於甲板上的貨物。(指無慣例可循的)。

⑷活的動物。

非「貨物」，投保貨物保險時，需將投保時該貨物固有的名稱，載明於保險單上，而成爲保險標的物。可以「貨物」的名稱，予以保險的，也需要載明其特質。例如：舊機器。

3.貨物保險標的物範圍

貨物保險標的物範圍，包括具有商品性質的貨物本身，以及包裝物與標籤等。

這些包裝物及標籤，爲商品所不可缺少的，往往構成「貨物」的一部份。

英國有一個案例，可資參考：

貨物爲威士忌酒，計 228 箱，從 Glasgow（蘇格蘭最大都市及主要港口）運送至 Singapore。威士忌酒的草料包裝，受海水潮濕，損傷了瓶上標籤(商標)。因此，在 Singapore 以損傷品出售。法院以草料包裝物及標籤，係構成保險標的物之一部份爲理由，判決保險人，對該項損害，負有賠償責任。（Brown v. Fleming 1902）

4.貨物保險價額

貨物保險價額，評估標準有二：

⑴以裝載地裝載時的貨物「價額」爲準。（海商法 135 條）。

⑵以貨物的「原價」(prime cost)爲準。（M. I.A. 16⑶）。

這兩個標準，一個用「價額」，另一個用「原價」，並不盡相同。

「價額」的評估，由於貨物有「進價」與「售價」之分，因此可以「進價」爲準，亦可以「售價」爲準。兩者評估結果相異，可能滋生爭議。

「原價」則只有一個，即「進價」，較為簡明。就出口商言，為進貨價額，非賣給進口商的價額。就進口商言，則為向出口商買入價格（亦為進貨價額），非進口商賣出價額。

就「回復原狀」或「填補損害」的旨趣以言，當以被保險人買入貨物的價額為準，較為合適。

貨物保險價額的內容，依法律規定，除貨物本身的價額外，可包括裝載費，稅捐等在內。並可將應付的運費，及可期待的利得併入，以其總價額，作為「貨物」保險價額。

5.貨物保險金額

實務上，通常多以商業發票(commercial invoice)上的價額，為貨物保險價額。因此，亦以商業發票上的總價額，作為貨物保險金額。是以，貨物保險為足額保險，屬定額保險(valued policy)。

二、貨物預期利益保險

1.保險標的

貨物預期利益保險，以貨物的「預期利益」為保險標的。實務上，係併入貨物保險價額內，由貨物保險契約，予以承保。

2.預期利益的意義

貨物的預期利益(expected profit; anticipated profit)，指貨物安全到達目的地，予以出售時，可期待獲得的利潤而言。

因此，預期利益的獲得或喪失，決定於航海是否順利完成的一種利益。並非因市價上漲，貨物價額增加的表面利潤。實質上，就填補實際損害，回復原狀的觀念以言，「表面利潤」，未必有任何多餘的利益可得。

3.預期利益的性質

預期利益的獲得，屬於將來此種利益，會因航海的不能完成而喪失。但是，預期利益的存在，則應爲現在。亦即將來可獲得的利益，在訂立保險契約時，既可相當確實期待，所以現在已有其保險利益存在，並予以確定。

4.預期利益保險價額

理論上，預期利益的保險價額，可以貨物裝船時，預估貨物平安到達目的地，予以出售，可獲得的利潤爲準，加以訂定。亦可依據買賣契約可確定的預期利潤爲準，予以訂定。

實際上，上面所述預估，相當困難。不僅手續繁複，而且在決定預估標準時，易起爭議。乃採協定保險價額的方式。

例如：實務上，多以貨物 CIF 總價額的 10%，作爲保險價額。因此，貨物保險契約的保險金額，乃爲貨物 CIF 總價額，再加上 10%。

5.非貨物所有權人，亦有貨物預期利益

貨物的預期利益，係附屬於貨物「所有利益」的保險利益。通常爲貨物所有權人才具有此類保險利益。換句話說，貨物所有權人，對貨物具有「所有利益」與「預期利益」，兩種保險利益。

不過，非貨物所有權人，對貨物的存在或滅失，具有可獲得利益或損害的關係時，該人對該貨物，亦具有「預期利益」。

例如：某甲以在目的地交付貨物爲條件，購買一批貨物。在該批貨物裝船之前，某甲便將該批貨物以高於買入價格的賣價，以及在該目的地交付貨物爲條件，予以出售。某甲將買入價格與賣出價格的差額，以預期利益予以保險。該批貨物在航海途中，發生滅失，某甲對該批貨物，並未曾有其所有權。但某甲對該批

貨物具有「預期利益」的保險利益。該利益在訂立保險契約時，
旣可相當確實期待。即某甲於訂立保險契約時，已將貨物予以出
售。因此，將其利潤當做預期利益，予以保險，並無不妥。

6.預期利益的證明

訂立保險契約時，所訂定預期利益保險價額，在保險期間內
不變。即訂立保險契約後，市況有所變動，亦不受影響。縱使實
際上受市場變動的影響，原先評估的預期利益，並不存在，保險
契約效力亦不受影響。

因此，貨物發生滅失時，不應要求被保險人證明貨物如不滅
失，平安到達目的地，予以出售，就可獲得利潤。應該是只要能
證明訂立保險契約時，貨物於平安到達目的地，予以出售，即可
獲得利潤，係一正當期待即是。

例如：有一批貨物，其八分之三，發生滅失。法院並不問貨
物如果到達目的地，究竟可獲得多少利潤，而判決貨物旣有八分
之三發生滅失，其利潤也就滅失八分之三。（Loomis v. Shaw
(1800), Arnold, § 287）。

三、保險費保險

1.保險標的

以貨物爲保險標的物，貨物保險的保險費，爲「保險費保險」
的保險標的。

2.保險費的內容

保險費，予以保險時，宜包括保險費，及保險費所生保險費，
全部金額在內。

如僅將第一次產生的「保險費」，予以保險時，該「保險費」

經保險，再產生的「保險費」，便不能獲得保險的保障。

例如：貨物總價額 70,000,000 元，貨物保險費率 1%，貨物保險費爲 700,000 元(第一次產生的保險費)。將此保險費予以保險，再產生保險費 7,000 元，即保險費所生保險費(the premium upon the premium)。該 7,000 元，未予保險，不能獲得保障。

3.保險費的計算

保險費，爲一種獨立的保險利益，可以一個保險契約，單獨承保。惟實際上，係連同貨物、運費、預期利益等，一併訂定保險金額，投保貨物保險。

因此，如要將貨物等保險費全部 (即保險費，及保險費所生保險費)，予以保險，可利用下列公式，計算保險費。

$$P = \frac{1.1(C+F)R}{1-1.1\,R}$$

P：保險費

C：貨物價額

F：運費

R：保險費率

$1.1 = 1 + 10\%$

例如：貨物價額 32,000,000 元，運費 600,000 元，保險費率 1%。價格條件 CIF。訂定保險金額時，通常另按 CIF 總價額，加 10%。利用上述公式，求其保險費：

$$P = \frac{1.1(32,000,000 + 600,000) \times 0.01}{1 - 1.1 \times 0.01}$$

$$= 362,588$$

第八節　海上危險的內容

　　海上危險(maritime perils)，為海上保險的主要承保危險。其內容有：海上固有危險、戰爭危險、海盜、捕獲、抑止、投棄、惡意行為等。每一個危險，都有一定的涵義，依其釋義，各有其適用性與範圍，對於損害原因的認定上，甚為重要；與保險人的賠償責任，有密切關係。

一、危險的意義

　　在海上保險契約上，危險(risk; peril)一詞，有不盡相同的意義，要依其用詞的文脈關係，作適當的解釋。英國海上保險法上，使用「危險」一詞，有下述四種意義：

　　1.指偶然事故

　　例如：被保險危險(the risk insured against)。此處的risk，即指偶然事故。

　　被保險危險，即被保險的偶然事故，或稱保險事故。被保險危險所致損害，保險人負有賠償責任。

　　2.指偶然事故發生的可能性

　　例如：減少危險(to diminish the risk)，暴露於危險中的任何被保險財產(to any insurable property at risk)等。其中的risk，即指偶然事故發生的可能性。

　　偶然事故，有發生的可能性，財物才有遭受損害的可能，才有保險的必要。反之，則無，乃有「無危險，無保險」(No risk, No insurance)的諺語。

3.指偶然事故發生的可能性狀態

例如：危險變更(change of risk)。此處的 risk，即指偶然事故發生的可能性狀態。

偶然事故發生的可能性，可從其依存的因素或狀態，判斷其大小，該因素或狀態，即偶然事故發生的可能性狀態，亦即危險狀態，或稱危險因素。

危險變更(change of risk)，指危險狀態改變，即危險因素變更。

4.指危險責任

例如：危險開始(commencement of risk; risk attaches)，承擔危險(to take the risk)等。其中的 risk，即指危險責任。

保險標的物，開始暴露於危險中之際，承擔危險責任的人，其責任亦隨之開始，此即危險開始(commencement of risk)。對保險人而言，危險開始，即開始承擔危險責任，亦即開始承擔保險責任。因此，危險開始，即保險責任開始。

同樣的意思，承擔危險(to take the risk)，即承擔危險責任。對保險人而言，承擔危險，即承擔保險責任。

在海上貨物保險，危險開始(commencement of risk)，有時也就是保險期間的開始。

二、海上危險的性質

海上危險，具有下述性質：

1.具有成為損害原因的性質

就保險契約而言，保險人承擔危險的結果，即給付保險金。

因此，保險人所承擔的危險，須具有成爲損害原因的性質。若絕對不會引起損害，即非「危險」。

有無成爲損害原因的性質，以該危險的發生，在「自然而且可能的結果」(natural and probable consequence)狀況下，是否具有引起損害性質，爲認定依據。但是，該危險並非在任何情況下，必然引起損害。

例如：擱淺，依其自然而且可能的結果，被認定爲會引起損害。因此，是一種「危險」。但在特定的某種情況，有時並不引起損害，卻不影響其爲一種「危險」。

2.具有偶然性質

危險是一種災難(casualty)或事故(accident)。

災難(casualty)或事故(accident)，蘊含著損害性,其發生須具有偶然性。海上保險契約所承保的危險，必須是偶然事故或災難(fortuitous accident or casualty)。

偶然性，當指有發生的可能，但其發生爲不確定。說明如下：

⑴有發生的可能

所謂有發生的可能，係介乎必然會發生與不可能發生之間。因此，必然會發生的，及不可能發生的，均非「危險」。

是否有發生的可能，其決斷時間爲訂立保險契約時。只要在訂立保險契約時，判斷爲有發生的可能即可。至於後來變爲必然會發生，或不可能發生，均無妨。

決斷有發生的可能之觀點，屬於保險契約當事人的主觀。原則上，係以一般交易的通念，來決斷必然、可能或不可能發生。保險契約當事人主觀上（即主觀的判斷），認爲有發生的可能時,保險契約依然可以有效成立。

例如：在平常時期，將船舶予以保險，訂立期間保險契約（Time Policy）。依客觀的判斷，不認為有發生戰爭的可能性。被保險人不知客觀上存在的不可能性，卻認為有發生的可能。則只要保險人無詐欺的意思，而同意被保險人的意見，將戰爭危險（即兵險）列為承保危險，其契約有效。

(2)發生為不確定

有發生的可能，在詞義上，當然蘊涵著發生為不確定的意思。

發生為不確定，其決斷時間為訂立保險契約時。只要在訂立保險契約時，依各種情況看來，其發生為不確定即可。至於以後，因情況變化，變為確定會發生，保險契約的效力，亦不消滅。

發生為不確定，其決斷觀點，係保險契約當事人的主觀性觀點。即契約當事人在主觀上，判斷為不確定發生時，該事故即為「危險」。

例如：(1)貨物中藏有定時炸彈，該貨物裝船後會發生爆炸，在絕對性的客觀上判斷，爆炸的發生為確定的。保險契約當事人不知情時，該爆炸係一種「危險」。(2)訂立保險契約時，在客觀上（即事實上），危險已經發生（即發生為確定），而契約當事人不知情(即主觀上的判斷)，其發生依然為不確定。因此，雖然是既已發生的事故，亦不妨害其為「危險」。

歸結以言，發生的不確定，係以保險契約當事人的主觀性判斷為依據。客觀上確定的事實，只要契約當事人不知情，即為不確定。

3.具有不可抗力的性質

不可抗力(force majeure)一語，大體上相當於英法上的Act of God。要正確地對 Act of God 的涵義下定義，相當困難，

或可解釋其意思，係指一種絕對性或客觀性的不可抗力。準此以言，Act of God 有二個要件：

其一，為沒有人類的行為介入，由於直接而且完全自然的原因所引起的事故。例如，天災地震之類，自然力事故。

其二，為雖講求相當的預防措施，亦無法防止的事故。例如，隱匿小偷，雖予以相當注意，亦難予防止其發生。因此，若被保險人予以相當注意，亦無從防止的事故，在主觀上具有不可抗力的性質，亦是「危險」。並不一定必須具有絕對性或客觀性的不可抗力的性質。

所謂相當注意，為當作沒有保險時，對其財物應予以注意的程度而言。被保險人雖然需要有相當的注意，但並不否定被保險人自身的過失引起的「危險」存在。因為過失本身，即是一種可能而且不確定的事故，亦即一種偶然事故。例如，因過失引起火災，過失為引起火災（事故）的原因，為一種「危險」。

三、海上危險的內容

依英國海上保險法(M.I.A.)第 3 條後段規定，海上危險的意義及其內容如下：

1.海上危險的意義

海上危險(Maritime Perils)，係指起因於航海或附隨於航海的危險而言。(the perils consequent on, or incidental to, the navigation of the sea)。

2.海上危險的內容

在上述海上危險的意義之下，海上危險的內容，包括

⑴海上固有危險(perils of the seas)。

(2)火災(fire)。

(3)戰爭危險(war perils)。

(4)海盜(pirates)。

(5)海寇(rovers)。

(6)強盜(thieves)。

(7)捕獲(captures)。

(8)拿捕(seizures)。

(9)君主之抑止(restraints of princes)。

(10)投棄(jettisons)。

(11)船員的惡意行爲(barratry)。

(12)其他危險(all other perils)。

四、海上危險内容的釋義

對於一種危險的涵義，有所瞭解，才能妥切的確定其適用的範圍。則遇有某種事故或損害情況發生時，才能研判其該歸屬於那一種「危險」。然後，才能據以推論該危險與損害之間的因果關係，用以判斷保險人有無賠償責任。

茲將上述海上危險的内容，依其次序，逐一摘要記述其涵義。

Ⅰ.海上固有危險(perils of the seas)

perils of the seas，並非泛指所有發生在「海上的」危險，乃譯爲「海上固有危險」。

英國海上保險法(M.I.A.)的保險單解釋規則(Rules for Construction of Policy:R.C.P.)第 7 條，對於「海上固有危險」(perils of the seas)一詞，解釋如下：

「海上固有危險」一詞，僅指海的偶然事故或災難而言，並

不包括風及浪的通常作用。(The term "perils of the seas" refers only to fortuitous accidents or casualties of the seas. It does not include the ordinary action of the winds and waves)。

從上述文字以觀，「海上固有危險」(perils of the seas)，係指海的作用所生的偶然事故(fortuitous accidents)或偶然災害(fortuitous casualties)。因此，排除了不具偶然性的風(winds)浪(waves)的「通常作用」。

風浪的通常作用，所引起的損害，屬「自然耗損」(wear and tear)。保險人不承擔保險責任。

風浪的異常作用，則包括在「海上固有危險」，此一概括性承保危險範圍內。例如：因風浪的作用，使船舶破毀(shipwreck)、沈沒、擱淺、觸礁、碰撞；或風浪的異常作用的結果，船舶浸水、屬具受損、貨物受潮濕等。

由於「海上固有危險」(perils of the seas)，非泛指發生於海上的一切危險，而因海的作用所生的偶然事故或災害，又無法逐一明確列舉，卻又有其意欲限定的範圍與內容，乃以涵蓋性詞義概括其危險內容，以致使人有難予掌握其旨趣之感。

惟從諸多判例中，加以研究分析歸納，可發現某些特性條件。以這些特性條件規範其旨趣，即「海上固有危險」(perils of the seas)，應具有的特性條件如下：

(1)偶然發生的事故。

(2)發生在海上的事故。

(3)因海的作用或海上特有的事故。

準此以言，屬於「海上固有危險」的常見事故，如沈沒、擱

淺、碰撞等即是。

2.火災(fire)

海上保險所稱火災，大致上，與火災保險所稱火災，並無二致。

一般所謂火災，當有下列情形：

⑴在非生火設備或處所發生燃燒。

⑵從一定的生火設備或處所逸離，在他處燃燒。

⑶燃燒自身具有擴大能力。

⑷燃燒的發生，非爲原先特定的正常的目的。

⑸燃燒的結果，造成損害。

概括以言，火災(fire)，係指具有偶然性的、有害的異常燃燒。

火災所致損害情況，大致如下：

⑴直接燒燬的損害。

⑵因烤焦(charring)、灼熱(scorching)、龜裂(cracking)、煙燻(smoking)、熱氣(heating)等所致損害。

⑶因消防或爲減少損害而採取必要措施等所致損害。

除保險契約另有約定外，貨物自燃(spontaneous combustion)的損害，保險人不負賠償責任。

3.戰爭危險(war perils)

戰爭危險(war perils)，在英文海上保險單上，使用 war risks，俗稱兵險。

海上保險所稱的戰爭，範圍較廣，概括如下：

⑴國際法上所稱戰爭。即國家與國家的武力鬥爭狀態。

⑵一般社會觀念上所認爲的戰爭。

⑶一般所謂的變亂。如內亂、叛亂、武力革命等。

(4)人民以有組織的武力，對抗國家權力的狀態。

「戰爭危險」(war perils)，指在上述戰爭、變亂的狀態中，所發生的下列情事：

(1)捕獲、拿捕、扣留、拘禁之類事故。

(2)槍砲攻擊、空襲、擊沈之類戰鬥行爲。

(3)軍事行動的結果。

武力戰鬥行爲，有其事實狀態，可資認定，不致發生困難。

軍事行動的結果，在認定上，有時很難，範圍較廣。例如：商船，從事軍事行動，自某處基地，運送軍需品，往另一處基地；在航海途中，遭遇惡劣天候而沈沒；或者，與其他商船碰撞而沈沒，亦可說是軍事行動的結果。

戰爭結束，經過若干時日後，船舶觸及戰爭期間所佈下而未清除的水雷，以致發生事故時，海上保險以戰爭危險來處理。

戰爭危險(war perils)，隨著世界情勢的變化，時時刻刻受到影響，很難預測。此外，隨著科學的發達，戰爭的規模及損害，較往昔爲大。因此，保險單上的承保危險中，遂不予列入戰爭危險。被保險人需要予以保險時，以特別約定方式，加保「兵險」(war risks)。保險人則視當時的情勢，考慮是否接受投保，如同意承保，往往另訂保險費率，加收保險費。

4.海盜(pirates)

「海盜」一詞，以一般經驗而言，易被誤解爲僅指在海上掠奪財物的海盜。

英國海上保險法(M.I.A.)的保險單解釋規則(R.C.P.)第8條，對於「海盜」(pirates)一詞，解釋如下：

「海盜」一詞，包括叛變的旅客及從陸上攻擊船舶的暴徒。

(The term "pirates" includes passengers who mutiny and rioters who attack the ship from the shore.)

　　上述的解釋，係著眼於商業上的意義，泛指為私人利益、私人慾望、私人目的，對海上財物，不加選擇，予以襲擊、掠奪、放火等行為者。

　　因此，不問是否使用所謂「海盜船」，也不問是在海上從事加害行為或從陸上襲擊船舶；凡對海上財物，施行加害行為的人，即是「海盜」。

　　「海盜」(pirates)，作為被保險「危險」(risk)，係指「海盜」的「加害行為」而言。此「加害行為」，即「海盜行為」(piracy)。例如：⑴旅客將船長殺害，奪去船舶；⑵饑荒時，暴徒襲擊裝運貨物的船舶等，皆是「海盜行為」(piracy)，亦即「海盜」(pirates)。

　　若非為「私人目的」，例如為自己的祖國，對特定國家的政府或人民的財貨，加以掠奪的游擊活動，不包括於「海盜」(pirates)一詞的範圍內。

　　5.海寇(rovers)

　　「海寇」，係指為襲擊商船，掠奪其財物為目的，在海上漂泊徘徊的流寇(freebooters)而言。其「加害行為」及其結果，與「海盜行為」(piracy)，並無二致。為「海盜」的一種。

　　6.強盜(thieves)

　　Thieves 一詞，一般字義為小偷、竊賊。

　　英國海上保險法(M.I.A.)，依判例將 thieves 一詞，確定於襲擊性的「盜賊」(assailing thieves)，而不包含隱匿竊盜、竊取(pilferage)與偷竊(theft)等。因此，乃就其涵義，將 thieves, 譯為「強盜」。

「保險單解釋規則」(R.C.P.)第 9 條，對於「強盜」(thieves)
一詞，解釋如下：

「強盜」一詞，並不包括隱匿竊盜或任一乘船者，不問船員
或旅客所爲竊盜。(The term "thieves" does not cover clan-
destine theft or a theft committed by any one of the
ship's company, whether crew or passengers.)

隱匿竊賊(clandestine theft)，指非暴力的偷竊，乃單純的
竊盜。

「強盜」(thieves)一詞，僅適用於以暴力性手段所爲竊盜。
例如：以暴力施加於人，或破壞內窗侵入其內之類盜賊，當屬「強
盜」(thieves)一詞範圍內。

7. 捕獲(capture)

「捕獲」(capture)的涵義，相當廣泛。一般係把它當作「戰
爭危險」(war perils)的一種，探討其意義。則「捕獲」的意義，
爲戰時對作爲捕獲對象之物，從其所有者或其他權利者，奪取其
所有權或佔有、支配等財產權，而將該物當作戰利品(prize)；或
當作一種報復行爲，被敵方奪取其佔有。

「捕獲」，亦有不屬於「戰爭危險」(war perils)的。例如：
被本國或外國軍警官署，以從事違法貿易爲理由，而爲的捕獲。

「捕獲」，此一危險的構成要件，爲事實上已經有捕獲的行爲。

「捕獲」，可分爲適法的捕獲，與違法的捕獲。對承保「捕獲」
(capture)，此一危險的保險人而言，不論捕獲爲適法或違法，並
不影響其保險責任。

適法的捕獲，有由擁有適法權限的軍艦、交戰國官署軍警所
爲的捕獲；或者，依戰爭法，以違反封鎖、運送戰時禁制品、從

事軍事協助等爲理由, 予以停泊、臨檢搜索、拿捕、或經海事裁判宣告爲捕獲物等程序後所爲的捕獲。

違法的捕獲, 爲未有捕獲權限者, 旣無捕獲的正當理由, 又未經其程序所爲的捕獲。

8.拿捕(seizure)

「拿捕」(seizure), 有屬於「戰爭危險」(war perils)的, 有屬於「海上危險」(maritime perils)的。

戰爭法上所稱拿捕, 指戰爭時期, 對有向敵方運送戰時禁制品嫌疑的中立船, 令其停船, 並駛入港口, 接受檢查而言。其原意並不是要沒收中立船船主的財產, 而是爲了拿捕者的利益, 中止其使用。不過, 有時檢查的結果, 會將之捕獲。

海上保險法上所稱拿捕, 指奪取被保險人的財產支配權或占有權的一切強制性處置。其處置, 不問是永久性或一時性、是適法或違法、是擁有正當權限的軍艦所爲或海盜船所爲、係友邦因錯誤而爲, 或係掀起暴動的旅客或奴隸所爲。

扼要以言, 海上保險法上的拿捕(seizure), 並不問其爲戰時或平時, 也不問係敵國或交戰國的人所爲, 或本國人所爲; 只要對海上財產, 有佔有的意思, 而施以一切強制性行爲, 即是拿捕。

下述情事, 都是屬於「拿捕」(seizure), 此一危險範圍內, 可爲例子:

(1)船舶因某種錯誤, 而被拿捕。

(2)中立船, 在航海中, 被交戰國以敵船或運送敵方貨物爲藉口, 予以扣留。

(3)船舶被引發暴動的工人所奪取。

(4)船舶因天氣惡劣, 而漂盪到敵方海岸, 或侵入他國領海,

而被拿捕。

(5)船舶上的貨物，因運費或傭船費的債權債務糾紛，而被佔有或奪取。

9.君主之抑止(restraints of princes)

「君主之抑止」(restraints of princes)，係代表「國王、君主及人民所爲的抑留、抑止及抑制」(arrests, restraints and detainments of all kings, princes and people)一詞的簡稱。

英國海上保險法(M.I.A.)的保險單解釋規則(R.C.P.)第10條，對於「君主之抑止」(restraints of princes)一詞，解釋如下：

「國王、君主及人民之抑留等」一詞，係指政治上或行政上的行爲，並不包括暴動或通常訴訟程序所致損害。(The term "arrests, etc., of kings, princes, and people" refers to political or executive acts, and does not include a loss caused by riot or by ordinary judicial process.)

國王(kings)與君主(princes)，爲往昔君主政體國家統治權的主體。人民(people)，指代表一國的主權者行使權力的人，如憲警官員；並非泛指一般人民。

因此，「國王、君主及人民」，都是指擁有政治上或行政上的權力的人，及其代表人。

「抑留」(arrests)、「抑止」(restraints)、「抑制」(detainments)，此三個詞語，係屬同義詞，爲英語傳統性文體的相似詞(parallelism)。同時，三者之間，又有其關聯性，即抑留係爲抑止，抑止係爲抑制。因此，要將此三個詞語，各別界定其意義，予以區分，事實上不可能。

概括以言，「抑留、抑止、抑制」，當指因國家的權力致使貨

物的運送、航海的進行中止，或因戰爭、事變致使運送被迫中止；中止期間，被保險財產的所有權、佔有權或管理權，並未被剝奪而言。

「君主之抑止」(restraints of princes)，簡單地說，亦即「官方的處分」。其主要內容如下：

(1)禁止出港(embargo)

即對某種貨物或船舶禁止其移動，不可從本國港口出航。

(2)禁止上陸

貨物在卸貨港，被禁止卸貨物上陸，或被命令予以毀棄。

(3)因封鎖致不能繼續運送

因某地區被封鎖，致被保險財產被困住在該地區內，不能繼續該地區外的運送。

(4)繼續運送將為違法，致中止航海

訂立保險契約時，該航海為合法，其後因情況改變，以致如繼續航海，將成為違法，而中止航海。

(5)徵用

裝載貨物的船舶，在航海中，因戰爭爆發或其他事故，船舶被政府徵用，貨物不能運送到目的地。

「君主之抑止」(restraints of princes)，不包括暴動或通常訴訟程序之處分。

(1)暴動(riot)

暴徒或烏合之眾(mobs, multitudes of men)，均非「人民」(people)。故船舶或貨物，被暴民所奪取；或者，海盜行為等情事，均予除外。

(2)通常訴訟程序(ordinary judicial process)

通常訴訟程序，亦即司法上的處分。例如：船舶因負債，依訴訟程序被扣押，依法院命令予以拍賣，乃司法上的處分，非「君主之抑止」。

「君主之抑止」，係以國家權力作非通常的干涉；而通常訴訟程序上，司法警察官員的命令或判決，不具有偶然性，因此不具有危險的性質。

10.投棄(jettisons)

「投棄」(jettisons)，指將貨物、船舶屬具、船員的食物等，可搬動之物，投棄於船外而言。例如：

⑴船舶擱淺時，為減輕載重量，使船舶上浮，以便離開擱淺處所，乃將可搬移的物品，投入海中，即為投棄。

⑵裝酸性物質的容器破損，酸液流出，或有毒性氣體，自容器洩出；為避免其他貨物、船舶、乘員等遭受危險，乃將這些貨物，丟入海中，亦為投棄。

11.惡意行為(barratry)

「惡意行為」(barratry)，概指船員的詐欺、不法行為、不正當行為，使船主或貨主受損害的，即「惡意行為」。

英國海上保險法(M.I.A.)的保險單解釋規則(R.C.P.)第11條，對於「惡意行為」(barratry)一詞，解釋如下：

「惡意行為」一詞，包括船長或海員故意犯作的一切不當的行為，致使船主受損害，或有時使傭船人受損害在內。(The term "barratry" includes every wrongful act wilfully committed by the master or crew to the prejudice of the owner, or, as the case may be, the charterer.)

⑴船長的惡意行為

　　船長的惡意行爲，包含船長爲圖謀自身的利益，而犧牲船主的利益,進行詐欺或不正當行爲；以及船長故意的公然違法行爲、重大瀆職行爲，或犯罪性怠忽，致使船主或傭船人事實上受損害在內。

　　(2)海員的惡意行爲

　　海員的惡意行爲，例如：在船主、船長或其代理人，加以防備或警戒，仍不能防止的暴力或反抗狀態下，海員所爲的犯罪或詐欺，使船舶滅失或破壞，其損害爲海員的惡意行爲所致損害。

　　(3)惡意行爲的例子

　　a.船長從事違法貿易，船舶被沒收，船主受損害。

　　b.侵犯封鎖，抗拒臨檢，企圖逃脫，船舶被捕獲。

　　c.船舶被遺棄、放火、故意擱淺。

　　d.擅自出售船舶、貨物，詐取價款。

　　e.擅開船舶，棄船逃逸。

　　f.爲詐欺或犯罪的目的，而脫離航線(deviation)。

　　12.其他危險(all other perils)

　　「其他一切危險」(all other perils)，爲一概括性辭句(general or sweeping of words or phrase)。其用意，並不是要將前面未列舉的危險，以此辭句，予以涵蓋；而是希望避免該等列舉危險，在適用時作狹隘的專門性解釋，以期某些事故或損害，在表面上或名稱上未盡符合其中某一個危險，但在保險旨趣上或原意上，應可歸屬該危險的，能得到合理妥適的處理，不致被排除。

　　英國海上保險法(M.I.A.)的保險單解釋規則(R.C.P.)第12條，對於「其他一切危險」(all other perils)一詞，解釋如下：

「其他一切危險」(all other perils)一詞，僅包括與保險單上所記載危險同種類的危險。(The term "all other perils" includes only perils similar in kind to the perils specifically mentioned in the policy.)

因此，「其他一切危險」(all other perils)，係指與保險單上所載明的危險，相類似的危險而言。非同類的危險，依然不包括在內。

不過，所謂類似(like)，究竟指那一點的類似？又類似到何種程度？所謂同種類的危險，又指何種情況？都沒有具體的標準，可資決定。只能依個別案件的事實情況，予以認定。學者可從判例的研究、思考揣摩中，領悟其精神與旨趣。

適用「其他一切危險」(all other perils)的案例：

(1)在不良天候下，爲防避因海浪衝擊，海水浸入船艙內，乃封閉通風管，致不能維持適當的通風情況。貨物因船艙的汗濕(sweat of ships hold)，而受損害。類此損害，如非「海上固有危險」(peril of the seas)的直接結果，即其同種類危險所致結果。在「其他一切危險」(all other perils)辭句下，可請求賠償損害。(Canada Rice Mills Ltd. v. Union Marine and General Insurance)。

(2)船舶在發航港裝載貨物時，船舶的吃水度因貨載的重量而增加，使排水沒入水中。因船員的過失，原打開的排水管，未予關閉，致海水從排水管浸入船艙，貨物受損。此類損害，係「海上固有危險」(peril of the seas)所致損害；若不然，即「海上固有危險」的同種類危險所致損害。亦即「其他一切危險」(all other perils)所致損害。(Davidson v. Burnand (1868))。

(3)裝載金幣的船舶，遭受敵對船舶的襲擊，船長爲避免船舶被捕獲，金幣落入敵方手中，乃予投入海裡，隨後該船舶被敵方捕獲。本案金幣投入海中所致損害，屬於投棄(jettison)所致損害。嚴格的說，即使非「投棄」(jettison)或「外敵」(enemies)所致損害，依其「其他一切危險」(all other perils)，此一概括性辭句，保險人亦應負賠償責任。(Bulter v. Wildman (1820))。

第九節　海上危險變更

保險人依據訂立保險契約時，當事人約定的承保危險內容，決定保險費率，計收保險費，承擔保險責任。因此，在保險契約訂立後，其承保危險的內容，以不變動爲原則。否則，雙方的權利義務，會受到影響。故對於危險內容的變更情形，及其對保險契約效力的影響，宜加以注意。

一、危險變更的意義

l.危險的估計

訂立保險契約之前，保險人需要瞭解承保危險內容有關的因素，以資估計危險大小，決定是否承保，以及保險費率。

保險人估計危險的主要因素有三：

(1)船舶

船舶的安全性，對於防阻危險的發生，有密切關係。一般係按照船舶的構造、噸數、船齡等，訂定船舶等級，以其等級表示危險狀態。

(2)航海區域

航海區域的政治、社會情勢、季節氣候、港口設備及管理等，對於危險的發生，也有影響。

(3)貨物的性質及狀態

貨物的性質及狀態不同，危險性亦異。此一因素，與貨物是否發生損害有關，與船舶是否遭受危險，亦有密切關聯。例如，具有易燃性、爆炸性之類貨物，不僅貨物本身的危險性較高，船舶的危險性，也隨之較高。

2.危險不變動原則

保險契約訂立後，原先用來決定是否承保，及決定保險費率的有關危險因素，如發生變動，將會使保險人所承擔的危險責任，與所收取的保險費，失去對等性，甚至會改變保險人原先決定同意訂立保險契約的基礎。

因此，在理論上，保險契約訂立後，保險人用以估計危險的因素，在保險期間內，應以不變動為原則。

3.危險變更的意義

保險契約訂立後，保險人於訂立保險契約之前，用以估計危險的因素，發生變動，即為「危險變更」(change of risk)。

危險變更，有兩種情形：

(1)危險變遷

危險變遷(alteration of risk)，指作為保險契約基礎的危險因素，有大部份或全部，由另外的危險因素來代替。

例如：航海變更(change of voyage)，向其他目的港發航(sailing for different destination)。

(2)危險變動

危險變動(variation of risk)，指作為保險契約基礎的危險

因素，有一部份改變。

例如：小規模的脫離航線(deviation)。若是大規模的脫離航線，便從「危險變動」，變爲「危險變遷」。

二、危險變更的型態

海上保險，主要的危險變更，有下列幾種情形：

1.航海變更

航海變更(change of voyage)，係指危險開始(the commencement of the risk)後，任意變更保險單上預定的目的港而言。

英國海上保險法(M.I.A. 45(1))，有如下規定：

Where, after the commencement of the risk, the destination of the ship is voluntarily changed from the destination contemplated by the policy, there is said to be a change of voyage.

例如：發航港爲高雄港，保險單上記載的目的港爲橫濱港。船舶自高雄港發航後，任意變更目的港，而以香港爲目的港，即是航海變更(change of voyage)。

由於變更目的港，航線亦隨之變更。航線的變更，亦會使航程縮短或延長。因此，未變更目的港，但變更航線時，亦爲一種航海變更(change of voyage)。

設例說明如下：

(1)保險單上預定到達的目的港爲橫濱港，船舶發航後，改以香港爲目的港。其航線，隨之變更。

(2)原先預定到達的目的港爲橫濱港，航海開始後，改以神戶

港為目的港。其航程，隨之縮短。

(3)船舶從新加坡發航，以基隆為目的港。發航後，直航那霸，再往基隆港。其目的港未變更，但航線變更，其航程，亦隨之延長。

航海變更的發生，決定於變更目的港或航線的意思表明之時。例如，上述設例(3)，當船舶決定直航那霸的意思表明之時起，航海的變更，即告發生。保險人自航海變更之時起，終止保險責任。

就貨物保險而言，如保險期間包括海上運送時，除目的港的變更外，可能會有變更目的地的情事發生。例如，自中壢起運，在基隆港裝船，到達橫濱港卸貨，以卡車運往東京。橫濱為目的港，東京為目的地。若貨物未從橫濱運往東京，而運往其他地方，則為目的地的變更。這種情形，當可適用「目的港的變更」，推論為一種「航海變更」(change of voyage)。

2.發航港變更

發航港變更(alteration of port of departure)，係指保險單上載明發航港時，船舶不從該港發航，而改從其他港口發航而言。

英國海上保險法(M.I.A. 43)，有如下規定：

Where the place of departure is specified by the policy, and the ship instead of sailing from that place, sails from any other place, the risk does not attach.

例如：保險單上載明 from Kaohsiung port to Yokohama port，船舶未從 Kaohsiung 港發航，而從 Keelung 港或 Taichung 港發航時，即為發航港變更(alteration of port of departure)。

「發航港變更」，一旦發生，保險人的責任不開始。

海上貨物保險，如保險期間包括陸上運送時，其貨物起運地，若不是保險單上所記載地點時，將被推定爲「發航港變更」(alteration of port of departure)。

3.向其他目的港發航

向其他目的港發航(sailing for different destination)，係指保險單上載明目的港時，在危險開始之前，船舶即不向該目的港航行，而向其他目的港發航而言。

英國海上保險法(M.I.A. 44)，有如下規定：

Where the destination is specified in the policy, and the ship, instead of sailing for that destination, sails for any other destination, the risk does not attach.

例如：基隆爲發航港，保險單上載明目的港爲橫濱港。船舶停泊於基隆港，於臨發航之前，決定不前往橫濱港，改以神戶港爲目的港，此即爲「向其他目的港發航」(sailing for different destination)。

「向其他目的港發航」，一旦發生，保險人的責任不開始。

海上貨物保險，其貨物的運送，以陸上運送爲開始時，貨物向陸上目的地以外的地方發送時，將被視爲「向其他目的港發航」(sailing for different destination)。

例如：買賣雙方原先約定，貨物在高雄港卸下，須運往臺南。台南爲目的地。後來，貨物在裝船時，應進口商要求，決定貨物於高雄港卸下後，運往嘉義。運送人依託運人（出口商）的要約承受。此種情形，即在危險開始之前，貨物便向其他目的地發送。將被視爲「向其他目的港發航」。

4.脫離航線

脫離航線(deviation)，係指船舶無適法理由，脫離保險單上所預定的航線而言。

所謂「航線」，當指依船舶的種類、構造，裝載貨物的種類，及在經驗上、習慣上，連結兩個地點，最爲安全、便利，及較近的距離，而決定的最適當的路線而言。

這一個「航線」，爲有關商人所周知公認的一般航線，亦即習慣上的航線。

訂立保險契約時，保險人認爲被保險船舶，係在習慣上的航線航行。並基於這種認定，以該航線作爲基礎，估計危險情況，決定保險費率。

「脫離航線」(deviation)，一旦發生，保險人得自「脫離航線」之時起，免除責任。即使在損害發生之前，船舶重回原先的航線亦然。

英國海上保險法(M.I.A. 46(1))，有如下規定：

Where a ship, without lawful excuse, deviates from the voyage comtemplated by the policy, the insurer is discharged from liablity as from the time of deviation, and it is immaterial that the ship may have regained her route before any loss occurs.

脫離航線(deviation)，發生的情形，有兩種：(1)船舶越出適當的航線。即在「航線」外航行。(2)作不適當的停靠。即在習慣上不停靠的處所停靠。

脫離航線的狀態或行爲，實際上已表現時，「脫離航線」(deviation)，即告發生。保險人隨即免除責任，惟脫離航線之前，如有

損害發生，仍負有賠償責任。

船舶遇有適法理由，可以脫離航線，不影響保險契約效力。述例如下(M.I.A. 49(1))：

(1)保險單上的特約條款所認可的。

(2)因船長及其僱主無法控制的情事所致的。

(3)爲遵守明示或默示保證而合理必要的。

(4)爲船舶或保險標的物的安全而合理必要的。

(5)爲拯救人命或助有人命瀕臨危險的遇難船舶而合理必要的。

(6)爲使船上的任何人獲得醫藥或外科醫療的目的而合理必要的。

(7)船長或海員的惡意行爲係承保危險時，因該項惡意行爲所致的。

不過，脫離航線的事由消滅時，船舶應恢復原航線，並以合理的速度(reasonable despatch)，進行其航海。

5.航海遲延開始

「航海遲延開始」(delay in the commencement of voyage)，係指航海保險契約(voyage policy)訂立後，不在適當的期間內(within a reasonable time)，開始航海而言。

例如：保險人以夏季從事航海爲前提，而訂立航海保險契約；若遲延到多季，才開始航海，即爲「航海遲延開始」(delay in the commencement of voyage)。

「航海遲延開始」一旦發生，保險人得解除契約。惟訂立契約時，保險人已知悉，或同意時，不在此限。(M.I.A. 42)。

6.航海遲延繼續

航海遲延繼續(delay in the prosecution of voyage)，係指航海保險契約(voyage policy)所承保的航海，於適當的期間內開始航海後，不以適當的速度(reasonable despatch)，完成全程航海而言。

例如：在航海途中，爲救助遇難船舶所裝載貨物，以致延誤航海的繼續進行。即爲「航海遲延繼續」(delay in the prosecution of voyage)。

「航海遲延繼續」，一旦發生，除有適法理由(lawful excuse)外，保險人得自「遲延」(delay)，變爲不適當之時起，免除責任。

英國海上保險法(M.I.A. 48)，有如下規定：

In the case of a vayage policy, the adventure insured must be prosecuted throughout its course with reasonable despatch, and if without lawful excuse it is not so prosecuted, the insurer is discharged from liability as from the time when the delay became unreasonable.

上述條文中，所謂「適法理由」，與前面所述：「船舶遇有適法理由，可以脫離航線」，所列述的相同。(M.I.A. 49(1))。

航海遲延終了(delay at the termination of voyage)，亦屬「航海遲延繼續」。例如：船舶抵達目的港，不在適當的期間內拋錨、繫纜，或卸貨。

7.船舶變更

「船舶變更」(change of the ship)，係指貨物於裝船港時，未裝載於保險單上所約定的船舶；或在航海途中，轉載於別的船舶，予以運送而言。後一種情形，即所謂「轉船」(transhipment)。如將「轉船」自「船舶變更」的內容分離，則「船舶變更」，僅指

前一種情形，即所謂狹義的「船舶變更」。設例說明如下：

(1)保險單上載明：高雄港爲裝船港，運送船舶爲海龍號。實際上，貨物未裝載於海龍號，而裝載於福星輪。即爲「船舶變更」(change of the ship)。

(2)保險單上未載明約定船舶時，可裝載於海龍號，亦可裝載於福星輪。但貨物一旦裝船，即視該船爲約定的船舶。如將貨物改裝載於別的船舶，亦爲「船舶變更」(change of the ship)。

(3)自基隆運往歐洲的貨物，在香港將貨物改由別的船舶運往歐洲，即爲轉船(transhipment)。

(4)貨物在基隆港 A 碼頭裝船，該船舶又往 B 碼頭裝載其他貨物時，將原先在 A 碼頭裝載的貨物卸下，改由其他船舶運送，亦爲「轉船」(transhipment)。

貨物未裝載於保險單上所約定的船舶，保險人的責任不開始。如爲轉船(transhipment)，保險人得自轉船之時起，終止保險責任。

被保險人知悉「船舶變更」(change of the ship)時，應通知保險人，以免失去保險的保障。運送人擅自變更船舶時，宜立即通知託運人，以便託運人辦理保險有關手續，並可免承擔責任。

8.貨物裝載於甲板上

一般貨物，都裝載於船艙內，予以運送。保險人亦以此爲前提，估計危險，訂定保險費率。

因此，一般貨物，如裝載於甲板上(loaded on deck)，予以運送，即爲「危險變遷」(alteration of risk)，是一種危險變更。

所以，除經特別約定貨物要裝載於甲板上，或實務慣例上，多裝載於甲板上的貨物外，保險人不承擔保險責任。

未經約定，亦無慣例可循時，裝載於甲板上的貨物，不在一般貨物名稱範圍內(not under the general denomination of goods)。因此，亦非保險標的物。非保險標的物，遭受損害，保險人不負賠償責任。(R.C.P. 17)。

三、危險變更的效果

危險變更的效果，爲保險人得自危險變更之時起，終止保險責任。其情形有二：

1. 保險責任開始後，發生危險變更。

保險人得自危險變更之時起，終止保險責任。

例如：航海變更，脫離航線，轉船，航海遲延繼續等，會出現此種情形。

2. 保險契約訂立後，保險責任開始前，發生危險變更，保險人的責任不開始。

例如：發航港變更，向其他目的港發航，航海遲延開始等，會發生此種情形。

實務上，保險契約載明其寬容規定時，依其規定，決定保險人的保險責任。

例如：「協會貨物條款」(Institute Cargo Clauses (A)、(B)、(C))，第8條規定：「脫離航線」(deviation)、「轉船」(transhipment)等，爲被保險人無法控制(beyond the control of the Assured)時，保險依然有效。

第十節　海上保險期間

海上保險(Marine Insurance)，爲因應海上貿易活動的需要，保險人承擔保險責任的期間，在約定方式上，與其他保險不盡相同。因此，保險人責任的開始與終了，在確定上，亦與其他保險有所不同。

一、海上保險期間的概念

1.保險期間的意義

保險期間(period insured)，係指保險契約一旦成立，依其約定，保險人開始承擔危險責任之時起，至其責任終了爲止，這一段期間而言。即保險人承擔危險責任的期間。英國海上保險法上，所謂「危險期間」(duration of risk)，亦即保險期間。

在保險期間內，發生保險事故，致被保險人遭受損害時，保險人負有賠償責任。依此意思以言，保險期間爲保險人承擔保險責任的期間。即保險責任期間。

2.保險期間的開始與契約的訂立

海上保險期間的開始，與保險契約的訂立，在時間上，未必是相一致的。大致上，有下列三種情形：

(1)保險契約一經訂立，保險期間隨即開始。

(2)保險契約訂立後，經過一段時間，保險期間才開始。

(3)保險契約一經訂立，保險期間隨即追溯到保險契約訂立之前一段時間開始。

因此，不宜以一般保險期間的概念，看待海上保險期間。須

依海上保險契約上，對於保險期間的約定，解釋保險期間的開始與終了。

二、海上保險期間的約定方式

英國海上保險法(M.I.A. 23)規定，保險單上應載明被保險的航海(the voyage)或期間(period of time)，或兩者。亦即應載明保險期間。

依此規定，保險期間的約定方式，有三類：(1)以「航海」約定保險期間，(2)以「期間」約定保險期間，(3)以「航海」及「期間」約定保險期間。概要說明如下：

1.以一定的航海，約定保險期間

保險單上載明一定的航海，例如：從基隆港至橫濱港，作爲保險期間。

這一種方式，概括地說，航海開始時，保險期間隨即開始，航海終了時，保險期間亦隨即終了。

航海開始與航海終了，係一種事實或狀態的發生與結束。因此，對於航海是否已經「開始」，或者航海是否已經「終了」，在解釋上，如有差異，即會影響保險期間的「開始」與「終了」的認定。所以，須要加以瞭解。後面將以船舶保險與貨物保險爲例，加以說明。

2.以一定的期間，約定保險期間

保險單上載明一定的期間，例如：自 1992 年 7 月 24 日起至 1992 年 11 月 24 日止，作爲保險期間。

這一種方式，可以看出保險期間開始的時間，與終了的時間。不過，要留意其「時間」，係以何處的「時間」爲準的問題。即以

訂立保險契約之地的「時間」爲準？或以發生事故之處所的時間
爲準？保險契約上，如無特別約定，通常係以保險單上所載訂約
地之「時間」爲準。

　　3.以一定的航海及一定的期間，約定保險期間

　　將上述兩種約定保險期間的方式，予以併用。例如：自 1992
年 4 月 29 日起至 1992 年 8 月 24 日止，從台中港至倫敦港。

　　這一種方式，保險期間的開始與終了，適用上述兩種約定方
式的解釋。

三、保險期間的開始與終了

　　依保險期間的約定方式，對其保險契約有不同的名稱。上述
第 1 種，稱爲「航海保險」(Voyage Policy)。第 2 種，稱爲「期
間保險」(Time Policy)。第 3 種，稱爲「混合保險」(Combine
Policy)，又稱「有處所限制期間保險」(Localized Time Pol-
icy)。下面將依「航海保險」、「期間保險」及「混合保險」的次序，
說明其保險期間的開始與終了的情形。

㈠航海保險

　　航海保險期間，係以航海的事實或狀態的發生、存續、結束，
界定保險人承擔危險責任的期間。

　　此處所謂航海，並不限於一般的航海，或單一航次的航海，
亦可包含不以到達特定地點爲目的地的，所謂目的航海，例如魚
船。此外，造船保險(construction policy)，港內（不定泊）保
險(port policy)，或者船舶在修繕中的保險，均可比照航海保險
辦理。

上述「一定的航海」一詞，為一般人所容易瞭解，惟就涵蓋的內容而言，顯得有其侷限性。若使用「一定的事實或狀態的存續」之語，在適用上，較具妥切性。

下面係以船舶保險與貨物保險為例，分別說明航海保險的保險期間，開始與終了的情形。

船舶保險

1.保險期間的開始

船舶保險的保險期間，在那種情形下開始，因其約定的條件不同，而有所差別。約定的條件有二：(1)以"at and from"為條件。例如：at and from Taichung port to Yokohama port。(2)以"from"為條件。例如：from Taichung port to Yokohama port。

⑴以 at and from 為條件時

以 at and from 為條件約定時，at 表示船舶停泊於發航港的期間。因此，當被保險船舶停泊在發航港時，保險期間即開始。其情形，可能有下面三種：

⑷訂立保險契約時，被保險船舶既已停泊在被保險航海的發航港時。

在這種情形下，只要被保險船舶具有良好安全狀態(well or in good safety)，保險契約一經訂立，保險期間隨即開始。即保險人承擔危險責任，立即開始。

英國海上保險法(M.I.A.)的保險單解釋規則(Rules for construction of policy: R.C.P.)第 3 條(a)，有如下規定：

Where a ship is insured "at and from" a particular place, and she is at that place in good safety when the contract is concluded, the risk attaches immediately.

(B)訂立保險契約時，被保險船舶尙未停泊在被保險航海的發航港時。

在這種情形下，除保險契約另有約定者外，只要被保險船舶以良好安全狀態，抵達被保險航海的約定港，保險期間隨即開始。

上述保險單解釋規則(R.C.P.)第３條(b)，有如下規定：

If she be not at that place when the contract is concluded the risk attaches as soon as she arrives there in good safety, and, unless the policy otherwise provides, it is immaterial that she is covered by another policy for a specified time after arrival.

(C)訂立保險契約時，船舶已經自被保險航海的發航港發航時。

此一情形，英國海上保險法(M.I.A.)，並無明文規定。因此，當可依保險契約的一般原則爲決斷，認定保險契約一經訂立，保險人承擔危險責任隨即開始。即保險期間隨即開始。保險契約上，有「追溯條款」(lost or not lost)時，保險期間追溯到被保險船舶停泊於發航港時。

(2)以 from 爲條件時

以 from 爲條件約定時，其保險期間，自被保險船舶爲從事被保險航海，準備離開約定的發航港時開始。

所謂準備離開發航港，係指船舶要從發航港發航，乃起錨準備離開繫船場所而言。

因此，即使實際上，船舶尙未離開繫船場所駛出港外，只要以航海爲目的而將船錨收起時，亦視爲已經發航，保險期間隨即開始。

以 from 為條件約定保險期間，在保險人承擔責任開始的時間上言，較以 at and from 為條件約定保險期間為晚，自不待言。

2.保險期間的終了

不論以 at and from 為條件，或以 from 為條件，約定保險期間，其終了並無分別，均如下述：

當被保險船舶抵達目的港，下錨後在良好安全狀態下，經過 24 小時，保險期間即告終了。

上述 24 小時，係就一般情況，推定船舶下錨後，至卸貨完了所需時間。這一段時間，在帆船時代，或可符合實際情形。但當今輪船載貨量大，船舶下錨後，在 24 小時內，未必能夠將貨物全部卸載上陸。因此，為了適應實際需要，多以特約條款，將保險期間予以延長。例如：船舶到達目的港後 15 日或 30 日，保險期間始告終了。

貨物保險

1.海上運送部份

⑴保險期間的開始

英國海上保險法(M.I.A.)，對於貨物保險期間的開始，無明文規定。

依 Lloyd's S.G. Policy 上面所載：beginning the adventure upon the said goods and merchandises from the loading thereof aboard the said ship, …這一段文字以言，海上貨物保險期間開始於貨物裝載(loading)於保險單上所記載的船舶時。

所謂「裝載」(loading)，係指將貨物裝置於大船 (保險單上所記載的船舶) 的甲板上或船艙內而言。準此以言，為了要將貨

物裝載於大船，用吊貨機將貨物吊起時，尚不能視爲「裝載」
(loading)。因此，保險期間尚未開始。

　　若是保險單上規定：爲了要裝船，而將貨物吊起離地的同時，
保險期間隨即開始。或者規定：貨物要裝船，當其越過大船甲板
欄杆的同時，保險期間隨即開始。則均從其規定。

　　貨物保險期間的開始，係以貨物「裝載」此一事實的發生爲
依據。因此，保險契約訂立後，在貨物裝載於大船之前，保險期
間並未開始；即實際上，保險人尚未開始承擔保險責任。若是，
保險契約訂立之前，貨物已經裝載於大船，則保險契約一經訂立，
保險期間隨即開始；而且依保險單上追溯條款(lost　or　not
lost)或保險利益條款(Insurable interest clause)規定，保險人
的責任追溯到貨物裝載時開始；但以被保險人不知損害已發生者
爲限。

　　⑵保險期間的終了

　　英國海上保險法(M.I.A.)，對於貨物保險期間的終了，亦無
明文規定。

　　依 Lloyd's S.G. Policy 上面所載：upon the goods and
merchandises, until the same be there discharged and
safely landed., 這一段文字以言，當貨物在目的港卸下，並安全
上陸時，保險期間即告終了。

　　不過，貨物抵達卸貨港後，應依照一般習慣的方法(the cus-
tomary manner)，在適當期間內(within a reasonable time)
卸貨上陸(landed)；否則，保險即告終止(the risk ceases)。(R.
C.P. 5)。

　　若是因不可抗力的原因，不能在適當期間內，將貨物卸載上

陸時，當以其實際應該終了的時間為準。

所謂「適當期間」(reasonable time)，係屬事實問題。應就不同期間，不同場合的情況，為客觀、理性的判斷，並可適用於同樣情況的場合，作為判斷。因此，「適當期間」的認定，須就交易的性質、習慣、載貨種類、卸貨碼頭狀況、天候、卸貨作業人員等各種情事，依各個場合，予以決定。

2.海上運送包括陸上運送時

貨物不僅在海上運送途中，可能遭遇危險；在海上運送開始之前或完成之後，陸上運送途中，亦可能遭遇危險。因此，通常多將陸上危險，一併附加於海上危險，由海上保險人來承擔。現行的「協會貨物條款」(Institute Cargo Clauses)中的「運送條款」(Transit Clause)，即海上運送並包括陸上運送的有關規定。

依上述「運送條款」(Transit Clause)規定，其保險期間包括陸上運送及海上運送的期間。保險期間開始與終了的要旨如下：

(1)保險期間的開始

貨物從保險單上所記載起運地的倉庫或保管處所，為運送而離開該處所時，保險期間開始。(This insurance attaches from the time the goods leave the warehouse or place of storage at the place named herein for the commencement of the transit,….)

(2)保險期間的終了

貨物送達受貨人或保險單所記載目的地倉庫或保管處所時，保險期間終了。(terminates either on delivery to the consignees' or other final warehouse or place of storage at the destination named herein.)

　　不過，若在運往保險單所載目的地之前，有如下列情形，保險期間將提早於該情形發生時終了：

　　(1)在途中將貨物運至通常運送過程(the ordinary course of transit)以外的倉庫或保管處所儲存保管(storage)。

　　(2)在途中將貨物予以分配(allocation)或分送(distribution)。

　　(3)貨物在最終卸貨港(the final port of discharge)，從大船(the oversea vessel)卸載完畢後，屆滿 60 日。

　　(4)貨物在最終卸貨港卸載後，運往保險單所載目的地以外之其他目的地。

(二)期間保險

　　期間保險(Time Policy)的保險期間，約定方式，大致上有三種類型：

　　1.訂明保險期間開始與終了的日期及時刻。

　　例如：自 1992 年 4 月 29 日正午 12 時起，至 1992 年 10 月 26 日正午 12 時止。

　　此一方式，為一般所採行。

　　2.訂明保險期間開始與終了日期，未訂明時刻。

　　例如：自 1992 年 7 月 24 日起，至 1993 年 3 月 29 日止。

　　此一方式，未訂明始日與末日的時刻，則以始日的零時起，至末日的零時止。以上例言，則從 7 月 24 日零時起，至 3 月 29 日零時（即 3 月 28 日下午 12 時）止。

　　3.訂明保險期間開始日期及期間，未訂明終了日期。

　　例如：自 1992 年 8 月 24 日起六個月。

此一方式，未訂明末日的日期，則以約定期間最後一個月中，與始日同日爲末日。以上例言，則從 8 月 24 日零時開始，至第 6 個月，即 1993 年 2 月的 24 日零時（即 2 月 23 日下午 12 時）止。

期間保險（Time Policy）的保險期間開始與終了的情形，依其約定方式，可予辨識，較航海保險（Voyage Policy）易於確定。

(三)混合保險

混合保險（Combine Policy），係以一定的航海及一定的期間，約定保險期間。

例如：自 1992 年 8 月 24 日六個月，從基隆到紐約。(From the 24th of August, 1992, from Keelung to New York for six months)。

混合保險的保險期間開始與終了，分別適用上述航海保險（Voyage Policy）與期間保險（Time Policy）的解釋。

保險期間，在此方式約定下，不僅保險事故發生的處所，必須在約定航海範圍內，保險事故發生的時間，也必須在約定的期間內，保險人始負有賠償責任。

混合保險，係合併航海保險與期間保險，故有其名稱。惟若以期間保險爲主，航海保險爲附，予以看待，則可稱爲「有處所限制的期間保險」（Localized Time Policy）。

四、保險期間的約定方式及其適用性

上述海上保險期間的約定方式，在適用上，就一般而言，船舶保險多採「期間保險」，貨物保險多採「航海保險」。從事目的航海，例如魚船出海捕魚，則採「混合保險」。

船舶保險，採「期間保險」，優點在於免受到發航港、目的港被約定的拘束，而且若無航海區域的限制時，可在任何區域航行，可從任何港口發航，可到達任何港口。被保險人在保險期間內，可獲得保險的保障。

貨物保險，以貨物爲保險標的物，貨物有起運地及目的地。因此，要確定裝船港與卸貨港，並無困難，適合採用「航海保險」。另一方面，貨物裝船的日期，抵達目的地的日期，均難以把握，事實上，顯然不適合採用「期間保險」。如予採用「期間保險」，勢必發生保險期間太長或太短，與實際需要無法配合的問題。則無論在保險手續上，或保險效果上，均會引起諸多麻煩與缺陷。是以，貨物保險，多採用「航海保險」。

第十一節　海上保險的因果關係

危險發生，引起損害，要確定保險人有無賠償責任時，勢必研判「危險」與「損害」之間，是否具有「因果關係」。即「危險」是否「損害」發生的「原因」；而「損害」是否「危險」發生的「結果」。若是，「危險」與「損害」，便有其「因果關係」(causation)。反之，則無。具有因果關係的「危險」，如爲被保險危險(the risk insured against)，保險人對該「損害」，負有賠償責任。

因果關係的推論方式不盡相同，因而有不同的主張，形成不同的學說，其中較爲普遍被採用的，有相當因果關係說，與近因說。海上保險，多採近因說，尤以英國爲代表。

一、一般因果關係概念

1.社會文化是無數的因果聯綴

若以因果的觀念，剖析人類社會的形成、變遷，以及人類文明的演變、進化過程，可說是無數的因果聯綴，不間斷的因果連續。諸如：

⑴在物質生活方面：因爲遭受天然災害的痛苦，結果便要設法防止或減少，而產生某種措施。因該項措施，產生某種弊害，又要採取某種行爲。建造房屋、發明飛機、輪船、汽車等等，莫不是如此。

⑵在精神生活方面：日常生活中，可聽到的「前世因、後世果」之類，帶有宗教意味的因果思想。或者，「種善因、得善果」之類，勉勵世人爲善的因果觀念。

2.人皆有因果觀念

人類不分男女老幼，皆有因果觀念，在日常生活中，隨時隨處可以發現。例如：小孩在嬉戲時，不小心跌了一跤（是一種結果），此時可能會順口而說，都是你（害的）。後者，是前者（跌跤）的「原因」。被歸咎原因的小孩，勢將回答：不是我；或者說：不是故意的。以避免承擔責任，或減輕承擔責任。

小孩長大成人，此種觀念在無意識中生長，繼續存在。遇有類似情況發生，此種因果觀念，隨時會出現，滋生不少紛爭。

3.一般因果觀念的形態

⑴無定則的因果觀念

一般人在日常生活中，看待一般事物的因果所持觀念，是一種無定則的因果觀念，因而形成複雜而且難以分割的因果關係狀

態。此乃由於一件事的發生，總有其原因；發生後亦會帶來某種結果；而其結果，又成為引發另一件事的原因，如此互為因果，又繁衍聯綴不已。

(2)設例說明

夜晚 11 時，某甲在十字路口被汽車撞傷。

(A)以「撞傷」為基點，在時間上往前作直線（單一因素）探究引起此一「結果」（撞傷）的「原因」如下：

被撞傷的原因，為闖紅燈。闖紅燈的原因，為喝醉酒。喝醉的原因，為吵架。吵架的原因，為赴約遲到。遲到的原因，為交通阻塞。……

(B)以「撞傷」為基點，在時間上往後作直線探究此一「結果」（撞傷），成為引起另一結果的「原因」的情形如下：

因撞傷，乃送醫治療。因須治療，乃住院。因住院，被火災燒死。……

(C)將(A)(B)聯結成一直線，就(A)的最後原因(即交通阻塞)，作反方向探究該「原因」所引起的「結果」如下：

因交通阻塞，致赴約遲到。因遲到，致吵架。因吵架，致喝醉酒。因喝醉，致闖紅燈。因闖紅燈，致被撞傷。因被撞傷，致送醫治療。因治療，致須住院。因住院，致被火災燒死。……

在上述情況下，若問某甲死亡的原因為何？可能會有「火災」，「住院」，「撞傷」等不同的說法。

4.一般因果關係的性質

就原因的推演以言，這些原因互為因果，接續而存在。任一個情況(即結果)，皆有其原因。換句話說，如無其原因存在，任一個情況，皆不會發生。如要在這些原因當中，找出一個真正原

因，可能有不同的說法，且難有堅強的論斷依據，可資具備較大的優越性，而為較多數人所接受。

此乃由於人們的知識、經驗不同，對事物的分析、見解、判斷，亦有所差異的緣故。因此，可使因果關係，具有下述性質：

(1)原因的聯綴性：如上述，探究撞傷的原因，係止於「交通阻塞」。如再往下探究其原因，尚有其原因的連續性存在。

(2)結果的聯綴性：上面所述，探究撞傷的結果，係止於「死亡」。如再探究死亡後所產生的結果，還有其結果的連續性存在。

(3)原因的爭議性：如被撞傷的原因，未必是「闖紅燈」；不闖紅燈，亦有被撞傷的。同樣，闖紅燈的原因，不限於「喝醉酒」；未喝醉酒的，也會闖紅燈。

(4)結果的爭議性：交通阻塞，未必然會「遲到」。遲到，未必會「吵架」。吵架，未必要「喝醉酒」。

(5)因果的可變性：由於原因與結果，均具有其聯綴性及爭議，使因果關係的推論結果，具有可變性。如上面所述，若問被撞傷的原因為何？可能眾說紛云，有的說是「闖紅燈」；有的說是「喝醉酒」；也會有人說是「吵架」。同樣，若問死亡的原因？可能有的認為是被「撞傷」所致結果；也會有人認為撞傷，並未致死，是火災所致結果。

(6)因果的複雜性：由於上述各種性質，形成因果關係在推論上及論斷上，變為相當複雜。加諸事涉權責問題，爭議必起，使之益趨複雜。

二、因果關係問題的發生

1.一個原因，一個結果，不發生問題

一種情況或一種結果的出現，僅有一個原因所引起，不會有因果關係的問題發生。

例如：點蠟燭不小心引起火災，以致造成損害。損害（一種結果）的原因，為火災（單一原因），便不會發生因果關係探究上的問題。

2.二個原因，一個結果，會發生問題

一種情況或一種結果的出現，如有二個以上原因，因果關係的問題，便會發生。

例如：發生地震，引起火災，造成損害；或者，又發生地震，又發生火災，造成損害；因果關係的問題，即會發生。

3.設例說明

二個原因：地震與火災。

一個結果：損害。

其因果關係的探究：

⑴在時間上：地震與火災，可能先後接著發生；也可能同時發生。

⑵在作用上：可能係地震引起火災；可能地震的發生，與火災無關；也可能如不發生地震，就不會發生火災。

⑶在關係上：地震，可能為損害的直接原因；火災，為間接原因。也可能火災為損害的直接原因，地震為間接原因。

⑷在損害上：可能地震未造成損害，只有火災所致損害；也可能地震與火災，均造成損害。

⑸在判斷上：或認為如不發生地震，便不會發生火災，則不會造成損害，而推斷地震為損害的原因；或認為發生地震，並不一定就會發生火災，而且真正造成損害的為火災，故火災才是損

害的眞正原因；也可能認爲地震與火災，對於損害的造成，具有協力作用，所以兩者都是損害的原因。

(6)在責任上：設若火災爲保險人所承保的危險，地震爲不承保的危險。則認爲地震爲損害的原因時，保險人不負賠償責任；認爲火災爲損害的原因時，保險人便負有賠償責任；認爲地震與火災都是損害的原因時，保險人可能負有賠償責任，可能不負賠償責任，也可能負有部分賠償責任。

4.因果關係問題，有關責任的論斷

從上述情形可知，在損害原因的論斷上，有不同的結果，因而爭議難以避免。海上保險的因果關係問題，較爲複雜，又必須力求作適當的處理。因爲它關係到保險契約當事人的權利義務；即保險人有無賠償責任，被保險人能不能請求賠償的論斷。因此，對於因果關係有關問題，宜加以瞭解，裨益探討。

三、海上保險的因果關係

1.因果關係與責任的認定

在因果關係的推論上，保險人所承保的危險，與損害有直接因果關係時，即負有賠償責任。

因此，當損害發生時，需要探究當時有那些危險發生。這些危險，與損害之間，有無因果關係存在，如有因果關係存在，那些是直接因果關係，那些是間接因果關係。

屬於直接因果關係的危險，如爲被保險危險(the risk insured against)，保險人對該損害，負有賠償責任。

2.因果關係的認定，有其主觀性

因果關係的認定，有其主觀性存在。即危險與損害之間的因

果關係問題，在性質上係人們對於多種現象（事實狀況）間的關
係的一種認識與思考的問題。

　　因此，無法用物理的方法，予以實驗證明；也不能用機械的
方法，製訂模型來套用，以確定其關係存在與否；亦無數理上的
公式或程式，可資演算其必然性的有無。

　　人們對於事物的認識、對於事理的思考，源自於直接經驗與
間接經驗，包括親身體驗與知識及學識。經驗不同，見解上往往
不一樣，思考方法與程序亦異。因此，推論的結果，也會不一致。

　　由於因果關係的認定，有其主觀性存在，而其認定，又係用
以決定保險人有無賠償責任，或應負賠償責任範圍的依據，遂形
成爲錯綜複雜的問題。

　　3.因果關係問題發生的情形

　　在海上保險方面，損害（結果），往往由二個以上的危險（原
因），同時或連續發生所引起。這些危險，或相互作用，或單獨作
用，而引起損害。其中，有保險人所承保的危險，有不承保的危
險。因此，大體上，可能發生下列情形：

　　⑴損害，係起因於保險人所承保的危險，抑或起因於不承保
的危險，無法明顯認定。

　　⑵損害，係由二個以上的危險，相互作用所引起。這些危險，
有保險人所承保的危險，有不承保的危險；相互之間，有密切關
係。

　　⑶損害，顯然是承保危險所引起，但與不承保的危險有密切
關係。

　　⑷損害，顯然是不承保的危險所引起，但與承保危險，有密
切關係。

遇有上述情形時，便需要決定，承保危險與損害之間，因果關係存在的程度，才能決定保險人有無賠償責任。於是，因果關係的問題，遂告發生。

4.設例說明

例如：戰爭危險(war risks，即兵險)，爲不承保危險。船舶因遭受敵艦的砲擊而沈沒，船舶及貨物全損。敵艦的砲擊，屬於戰爭危險，爲不承保的危險；沈沒，屬於承保危險。在此情形下，要決定保險人有無賠償責任，必須確定損害的原因，究竟是「敵艦砲擊」？抑或「沈沒」？如爲前者，保險人無賠償責任；如爲後者，保險人負有賠償責任。

遇有上述情形，一般而言，至少會有二種不同的說法：

(1)沈沒，爲全損的原因。

其想法可能爲：沈沒是造成全損的確定事實，如不沈沒，就不會發生全損，沈沒才是直接造成全損的主要力量。

(2)敵艦砲擊，爲全損的原因。

其想法可能爲：船舶因遭受敵艦砲擊才沈沒，如不遭受砲擊便不會沈沒，船舶不沈沒，便不會發生全損，所以砲擊是全損的肇因。

以此例，亦可知前述人們由於經驗不同，思考方式各異，見解也就不同的情況。

5.因果關係的學說

研究有關因果關係理論的學者們，希望提出一個理論見解，供大家接受，以便有助益於實際問題的處理。然而，亦由於學者們見解上的不盡相同，而提倡不同的主張，也都有其附和贊同的，遂形成不同的學說。

　　有關因果關係理論的學說，大致上有「相當因果關係說」、「自然過程說」、「最後條件說」、「最有力條件說」、「近因說」等。這些學說當中，有與我們的想法不謀而合的，有與我們的思考方式若合符節的，亦有與我們的想法或思考方式或推論過程不盡相同的。但無論如何，皆具有啓發作用或啓示性，有助於我們對於因果關係問題的瞭解與探討的參考。

　　6.以法律規定的學說爲準

　　不同的學說，對於同一個案例，所作因果關係的推論，結果可能相同，可能不相同。因此，關於保險人有無賠償責任的決定，必須以法律規定的相關因果關係學說來推論。

　　在海上保險方面，世界各國以採用近因說推論因果關係的居多。其中，以英國爲代表。亦有保險契約上，未特別載明準據法條款，而從其國家法律規定，採用相當因果關係說。

　　對於各學說的旨趣、推論方法，如加以瞭解，遇有損害發生時，可依其要領與方法，探究因果關係，研判損害的原因，當可減少保險契約當事人間的爭議。

第十二節　相當因果關係說

　　相當因果關係說，不將損害的原因，限定於一個危險，與一般經驗對於事實發生原因的思考與認知的觀念，較爲接近，包容性較大。由於可以有二個以上危險，作爲損害的原因，而有分擔理論，就理念而言，係一完美的理論。惟適用上，亦有不盡切合實際之處，宜加以彌補。

一、旨趣與特點

1.旨趣

相當因果關係說,認爲應該在引起損害所不可欠缺的危險中,選定若干危險;這些危險若不論在特定的情況下,或一般的情況下,都同樣有可能引起損害,則將這些危險,作爲損害發生的適當條件;該適當條件,即是結果(損害)發生的原因。

2.特點

相當因果關係說的特點有二:

(1)對於結果的發生,遇有兩個以上「不可欠缺」的條件(危險)存在時,其他原因說,只認定其中一個條件,作爲「原因的條件」。

但是,相當因果關係說,却認爲原因的條件,應該有兩個以上存在。

(2)其他原因說,對於某種條件引起某種結果時,僅就該特定的情況,觀察該條件與結果的因果關係。至於該條件,對其結果的發生,有無影響,有無效力,則不予考慮。

但是,相當因果關係說,係就一般情形加以觀察,以決定原因的條件。

譬如,引起某種結果的某種條件,如果在其他一般的情況下,也會引起同樣的結果,則該條件,對結果的發生,具有適當或相當的原因力量。

二、舉例說明

戰爭期間,船舶於航海途中,遇到颱風,乃折往中途港避難。

三日後，天氣放晴，船舶離開避難的港口，繼續航行。在其航線上遭受敵方潛水艇的攻擊而沈沒。

若不發生颱風，該船舶早在三日前，便通過有敵人潛水艇出沒的區域。因為，當時該潛水艇在其他地方。

1.在特定及一般情況下，都會發生

在上述情況下，使船舶發生全損(結果)，所不可欠缺的危險(條件)，為遭遇颱風及潛水艇的攻擊。

潛水艇的攻擊，不僅在此一特定情況下，會引起這種結果，即使在一般的情況下，也會引起同樣的結果。

2.在一般情況下，不一定會發生

遭遇颱風，在上述此一特定的情況下，可以說是損害(結果)發生的原因；但在其他一般的情況下，就不一定會引起同樣的結果。

換句話說，遭遇颱風，不一定是損害發生的原因。因為，在一般的情況下，如不遭受潛水艇的攻擊，應該可以平安無事的完成航海。所以，遭遇颱風，對全損此一結果的發生，在該特定情況下，可以說只不過是一種偶然的巧合而已。

因此，在上述情況下，該項損害的原因，應該是遭受潛水艇的攻擊（為戰爭危險）。

三、推論方法

1.選定損害原因的適當條件

首先，決定使結果發生的，該特定的情況裡，有那些條件存在。

其次，分析判斷這些條件，在一般的情況下，也會引起同樣

的結果。

然後，決定損害（結果）原因的適當條件。

2.以當事人的意思爲依據

決定保險人有無賠償責任時，應以當事人的意思爲依據。當事人的意思不明確時，應以一般買賣的觀念或習慣，推定當事人的意思。

換句話說，保險人處於技術專家的地位，參酌過去的經驗，認爲某種危險與損害之間的關係，即使在一般的情況下，也有可能發生同樣的結果，而於釐訂保險費率時，將這些危險因素計算在內，則該危險與損害之間，便有其相當因果關係存在。

四、賠償責任的決定

1.賠償責任的發生

從上述可知，根據相當因果關係說，只要在保險交易的一般觀念上，認爲保險人所承保的危險(或除外危險)，成爲損害發生所不可欠缺的條件，而且不僅在該特定的情況下，會使損害發生，即使在一般的情況下，也會發生同樣的損害時，保險人的賠償責任（或除外責任），即告發生。

2.危險成爲損害的原因條件的情形

因此，應瞭解，某些危險，成爲損害的原因條件時，可能有下列情形：

(1)該危險，與其他危險，協力作用而引起損害。但該危險，單獨發生時，不一定會引起損害。

(2)該危險，在時間上，不一定是屬於最後發生的。

(3)該危險，在作用上，不一定是最有力的。

⑷該危險，與損害之間，不一定要有直接的因果關係。即使為間接的因果關係，只要為適當條件，該危險即為損害的原因。

⑸該危險，不一定必然的引起損害。即不一定是不可避免的危險。

⑹該危險，作為適當條件所引起的損害，在一般情況下，或特定的情況下，是否都會發生，不予過問。

亦即，有上述情形，並不影響其成為原因的條件。

五、分擔理論

從上面所述，可以瞭解，採用相當因果關係說時，必須承認有兩個以上成為適當條件的危險存在。否則，不能說全盤採用相當因果關係說。因此，相當因果關係說，有其分擔理論。扼要記述如下：

1.設甲危險，乙危險，均為適當條件，即損害原因時，只要保險人承保其中一個危險，該保險人就應負賠償全部損害的責任。

2.甲危險，乙危險，係分別由 A 保險人，B 保險人承保時，A、B 兩保險人，均應負全部損害的賠償責任。

但是，由於不允許被保險人有不當得利，被保險人只能向 A、B 兩保險人請求賠償各有關的一部分損害；或僅向一個保險人請求全部損害的賠償。如採行後者，保險人彼此之間，再就分擔的問題，另作處理。

3.若被保險人僅投保甲危險，未投保乙危險時，可視為由被保險人自行承擔乙危險，即一般所謂「自保」(self-insurance)。則承保甲危險的保險人，於賠償全部損害後，可向被保險人請求平均分擔，或按各自危險所致損害的比例，請求分擔。不過，事

實上，不這樣做。

因此，為了顧及該項分擔理論旨趣，在實際上，當可運用保險費率的釐訂與理賠的計算標準等，技術上的實用原則，兼顧該項分擔理論的內涵與實用性。

六、適用上的處理方式

綜觀上面所述情形，可以瞭解相當因果關係說的重點。只是對於分擔理論中，兩個共同危險，一為保險人所承保，一為被保險人自保時的分擔問題，在實務中，宜作合理的處理。因此，保險人採用相當因果關係說時，為期在適用上更趨完美，宜斟酌參考下列幾個情況：

1.兩個以上的危險，成為適當條件，引起損害，而這些危險，由不同的保險人所承保時。

被保險人得向其中任何一個保險人，請求賠償全部損害，亦得分別向保險人，請求賠償各該部份的損害。

2.保險人彼此之間，應共同分擔損害。

共同分擔的比例，按各保險人所承保危險所致損害的程度而訂定。如損害的程度無法測定時，按平均分擔或單獨責任額比例分擔。

3.船舶行踪不明，如有海上固有危險(perils of the seas)與戰爭危險(war risks)同時存在，而無法確定何者為適當條件時。

被保險人可以向其保險人之一，請求賠償全部損害。保險人之間的分擔，按前述2.方式處理。

4.有兩個危險，成為適當條件，其中一個為被保險的危險，一個未經保險（即自保）時。

被保險人得向保險人請求賠償全部損害。不過，被保險人自己所承擔的危險所致損害，能夠測定時，保險人得請求被保險人分擔其金額；無法測定時，得請求全部損害金額的一半。

此一作法，理論上是正確的。不過，被保險人從保險可獲得的保障，較爲薄弱。所以，保險人不向被保險人請求分擔爲佳。因此，訂立保險契約時，可將被保險人自己所承擔的危險所致損害部份，以特約方式，由保險人承擔。保險人則於事先把它考慮在內，再計算應收保險費。

七、完美的理論

倘能如上述，保險人與被保險人之間，於事先約定可行的處理方式，則相當因果關係說，將是因果關係理論中，最爲完美的理論。

因爲，在其他原因說裡，遇有兩個以上的危險，成爲共同原因時，必須在兩個危險中，確定一個危險爲原因，才能處理；但相當因果關係說，無此毛病。

舉例說明如下：

英國案例：船長於風平浪靜時，拒不出港；到了天氣惡劣時，又違反引水人的指揮，擅自切斷船纜，強行出港。船舶因而被風浪吹襲，撞擊岩礁，卒告破碎。

法院判決：被保險人對本案的損害，不論以因海上固有危險（perils of the seas）所致爲理由，或以因船長的惡意行爲（barratry）所致爲理由，均可請求保險人賠償。（Heyman v. Parish, 1809）。

依近因說：對這個判決，有些學者認爲英國的近因說，應不

適用於船員的惡意行爲。(Arnold on the Marine Insurance, 2 nd ed. p.862, 12 th ed. S 858)。但是，若依據新釋義的近因說，則惡意行爲才是唯一的原因。

本案，如依據相當因果關係說，則惡意行爲與海上固有危險，均是損害的原因。假設，本案的惡意行爲與海上固有危險，分別由不同的保險人承保時，判決可能會變成，被保險人可向其中的一個保險人，請求賠償全部損害，該保險人於賠償後，再向另一個保險人請求分擔。或者，由被保險人分別向各保險人請求賠償，由各保險人共同分擔賠償損害。

第十三節　近因說

一個事故的發生，在時間背景上，有遠因與近因之分；在作用關係上，有直接與間接之別。一般而言，探討主要起因或責任時，均以近因或直接關係爲重點。

近因說，係以近因爲決定因果關係的依據。因此，何謂「近因」？在釋義上與認定上，至爲重要。

一、內容概要

1.旨趣

近因說，對於二個以上危險，連續發生，彼此相互協力作用，使一個危險與另一個危險，結合在一起；或由一個危險，誘發另一個危險，相互作用而發生時；認爲應就這些危險中，選定一個屬於直接原因的危險，作爲損害的原因。

直接原因，即「最近的原因」(proximate cause)，亦即「近

因」。

2.近因的意義

以往對「近因」（proximate cause）的意義，多解釋爲「在時間上接近的原因」。因此，不少判例係以在時間上最接近於損害發生的危險，作爲損害的近因。

後來，對於近因的解釋，逐漸轉變爲在效力上，作用上最爲直接的原因。即「在效果上最直接的原因」，即爲「近因」。

故不問在時間上，是否最接近，而以幾個原因當中，認爲對損害的（換）生，最具作用力的一個原因，作爲近因。

3.近因的決定

近因的決定，要以社會的經驗法則，爲思考推斷。推斷的結果，認爲某一個危險(原因)，在使損害發生的效果上，最具優勢時，即爲「在效果上最直接的原因」。就以該危險，作爲損害的近因。

4.最具優勢的推斷

如上所述，係以對於損害的發生，最具優勢的危險，作爲損害的原因。因此，那一個危險，最佔優勢的推斷，甚爲重要。所以，當事人須視案件的事實，站在客觀的立場，以社會的經驗法則去推斷，才能力求公正妥適。

下述例子，可爲參考：

(1)因碰撞所致損壞較輕，稍加修繕，便可完成相當遠的航程。却因遭遇颱風，而使碰撞所致損害擴大，以致沈沒滅失。

損害的近因，應該是颱風，而不是碰撞。

(2)如碰撞所致損壞，相當嚴重，雖然船舶還可以航抵修繕港，但即使加以修繕，也無法完成其餘航程。在這種狀況下，於航行

途中，遭遇颱風，而沈沒滅失時。

損害的近因，應該是碰撞，而不是颱風。

就上述情形以言，在思考上，認爲(1)的情形，係碰撞助長颱風的效果；(2)的情形，係颱風助長碰撞的效果。處於被助長態勢的危險，較具優勢，較爲有力，較爲有效。故以該危險，作爲損害的近因。

5.適用上的問題

上述決定近因的理念與原則，對新的事實，可予適用。但過去在判決上，既經確定者，依英國法制中的判例法，是不容許改變的。

對於已定的判例的研究，需瞭解其近因的見解，係以時間上的遠近，或以效力上的優勢，作爲決定的論據，以免使得觀念上混淆不清，莫衷一是。

二、近因說的案例

適用近因說的案件很多，下面是一些判例。從這些判例中，可以領悟到近因說較新的解釋，以及推論的基本理念與方法。

1. 1851 年 Montoya v. London 案件

事實——承保菸葉的貨物保險。菸葉與獸皮裝在同一艙間。船舶在航海中，被海浪沖擊，獸皮因海水而潮濕腐化。菸葉及其包裝未直接受到海水的潮濕，但却因獸皮的惡臭而受損害。

被保險人以菸葉的損害，係「海上固有危險」(perils of the seas)所致爲理由，向保險人請求賠償。

保險人則認爲菸葉損害的近因，爲獸皮的腐臭；「海上固有危險」，只不過是遠因。所以，拒不賠償。

判決——獸皮損害的近因，爲「海上固有危險」。同樣，菸葉損害的近因，也是「海上固有危險」。所以，保險人應負賠償責任。

2. 1869 年 Dene v. Smith 案件

事實——黃金一包，由俄國船舶裝運至土耳其。該船舶在土耳其附近擱淺，黃金由俄國領事館保管，該船舶屬俄國籍，因此俄國領事裁判所有其裁判權。該裁判所判決，貨主應支付救助黃金的救助費用。被保險人爲了取回黃金，不得不支付該項救助費用。

被保險人以該項費用，係因「海上固有危險」所致損害，請求保險人賠償。

判決——船舶因遭遇「海上固有危險」的結果，必須遵從外國法律的裁決，因而貨物被課賦的救助費用，視爲因「海上固有危險」所致損害，得向保險人請求賠償。

3. 1824 年 Hahn v. Corbett 案件

事實——從倫敦運往 Maracaybo 的貨物，以捕獲拿捕不承保在內爲條件投保。船舶航行至距離 Maracaybo 數哩處沙洲上擱淺，無法航行。船舶所載貨物，被剛佔領 Maracaybo 市及該港的西班牙王黨人員拿捕，作爲戰利品。

不過，即使該批貨物不被拿捕，也會因爲受了海水的侵襲，而難逃滅失的厄運。

被保險人主張該損害，係因「海上固有危險」所致。

保險人則主張該損害，係因「拿捕」(seizure)所致。

判決——本案損害，係因「海上固有危險」所致。因爲，「海上固有危險」是損害的主要推動原因(main conducting cause)，船舶因受「海上固有危險」的作用，呈現全損狀態，即

使該批貨物不被拿捕，也會因「海上固有危險」的作用，而全部滅失。

4. 1863 年 Ionides v. The Universal Marine Ins. Co. 案件——即 Hatteras 灣燈塔事件。

事實——美國南北戰爭時期，裝運咖啡 6,500 袋，從 Riode Janeiro 到紐約，以「因敵對行爲的一切結果所致損害不賠償」爲條件投保。

裝運該貨物的船舶，屬於北軍。當時 Hatteras 灣的燈塔，由南軍掌管，因軍事上的理由，將燈塔的燈火熄滅。但船長不知情，當船舶的位置發生疑慮時，未能充分加以警戒，也未停船加以觀察，而以測程儀與羅盤針，測定船舶的位置，結果發生錯誤，以致船舶觸礁擱淺，卒告破損。

該船舶觸礁擱淺的時候是午夜，風力雖然不大，波浪却相當高。約 120 袋咖啡，被救助船救起，但事後却被南軍沒收了。另有 1,000 袋咖啡，本來也可以救出，但因受到佔據該船舶的南軍士兵的阻礙，以致無法救出。因而留存在艙內的所有咖啡，連同船舶，均因海浪的侵襲，而滅失。

判決——被沒收的 120 袋，及因受到南軍干擾而無法救出的 1,000 袋咖啡，其損害的近因，爲「敵對行爲的結果」(consequences of hostilities)。與保險人在契約上訂明不賠償的條件相符，因此保險人不負賠償責任。

其餘 5,380 袋咖啡，係因「海上固有危險」所致損害，保險人應負賠償責任。因爲，其損害的近因是船舶觸礁擱淺。燈塔的燈火被熄滅，對該損害而言，僅是遠因而已。

5. 1918 年 British and Foreign S.S. Co. v. The King 案件

——即 St. Oswald 號事件

事實——St. Oswald 號輪船，被英國政府徵用，遵從海軍部的命令，載運軍隊在夜間熄滅燈火以全速航行。碰巧，與一艘同樣熄滅燈火，保護聯軍撤兵行動的法國軍艦 Suffren 號相撞，結果 St. Oswald 號沈沒。

該船舶曾向英國政府投保戰爭保險，所以船主以政府為對造，提起請求賠償的訴訟，主張本案的損害係近因於敵對行為或者軍事行動所致。

政府雖然默認該船舶與軍艦均無過失，而且對於熄燈航行係屬於軍事行動一事也無爭論，但却主張該項軍事行動並非損害的近因。

判決——兩船艦均熄滅燈火以從事軍事行動，而且雙方均無過失，在此種情況下發生碰撞，係軍事行動直接的結果。

6. 1918 年 Leyland Shipping Co. v. Noraich Union Fire Ins. Soc.案件——即 Ikaria 號事件

事實——輪船 Ikaria 號，以「海上固有危險」為範圍，予以保險。保險單上載明戰爭行為的一切結果所致損害，均不承保在內。

該船舶在距離 Harve 25 哩處，遭受德國潛水艇魚雷的攻擊，乃轉航至避難所，在該處所停泊兩星期。

在停泊期間中，每當退潮時便擱淺，漲潮時就又浮起。在這種狀態下交互作用的結果，船艙的隔壁被破壞，船體遂發生歪斜而脫落，卒告沈沒全損。

被保險人主張船舶係因新的原因，即擱淺及其結果——使船體歪斜，船脊破損以致沈沒。所以，遭受魚雷的攻擊，不能視為

損害的近因，僅是損害的遠因而已。

判決——本案損害的近因，爲遭受魚雷的攻擊。即自從遭受魚雷攻擊時起，至發生全損止，其因果關係一直繼續存在，未曾間斷。所以，保險人依據保險單所載不承保的條款，對本案不負賠償責任。

7. 1923 年 Chasente S.S. Co. v. Director of Transports 案件

事實—— 一艘從事軍事行動的船舶，與另一艘商船相撞。碰撞完全起因於該商船在航海上的過失所致。

問題是在於從事軍事行動的這艘船舶損害的原因，究竟是軍事行動的結果？抑或「海上固有危險」？

判決 —— 商船在航海上的過失，爲本案損害的優勢原因，即近因。所以，軍事行動並非近因；「海上固有危險」(perils of the seas) 才是近因。

第十四節　海上損害的內容

海上保險標的物，發生海上危險，引起損害，即爲海上損害。

海上損害，從不同的論點，加以觀察，而有不同類型的損害，其內容亦異，逐形成海上損害的種類。

限定保險人賠償責任範圍的主要事項，爲損害的原因與損害內容。前者，爲海上危險內容；後者，爲海上損害的種類。因此，要瞭解保險人承保的賠償範圍及內容，便需瞭解損害的種類及其內容。

一、直接損害與間接損害

直接損害與間接損害，在分類上，有兩個基準。一為，以危險為主；一為，以保險標的物為主。

1.以危險為主

依危險與損害之間的因果關係，是直接的，或間接的，而分為直接損害與間接損害。

(1)直接損害

某一危險，是引起損害的直接原因時，該損害，即是直接損害。

例如：船舶在航海途中，遭遇颱風(一個危險)，致船舶上的貨物，直接受到損傷，則颱風（危險）與損害之間的因果關係，為直接的，故為直接損害。

(2)間接損害

某一危險，是引起損害的間接原因時，該損害，即為間接損害。

例如：船舶因遭遇颱風，使航海遲延，致貨物的品質低下，乃減價出售，而引起損害時，颱風（危險）與損害之間的因果關係，是間接的，故為間接損害。

此例，在因果關係上，是颱風引起航海遲延（delay），航海遲延引起品質低下，品質低下引起減價出售，減價出售引起損害。所以，颱風係損害的間接原因，亦即該損害，為颱風的間接損害（consequential loss）。

2.以保險標的物為準

依損害與保險標的物毀損滅失之間的因果關係，是直接的，

或間接的，而分爲直接損害與間接損害。

(1)直接損害

保險標的物，發生海上危險，而毀損滅失，直接使被保險人遭受損害，該損害，即爲直接損害。

例如：船舶發生碰撞而毀損，船主承擔其損害(修繕費)；該損害，即爲直接損害。或者，貨物因而毀損，貨主承受其損害；該損害，即爲直接損害。

(2)間接損害

保險標的物，發生海上危險，而毀損滅失的結果，間接使被保險人遭受損害，該損害，即爲間接損害。

例如：船舶發生碰撞而毀損，在修繕期間，不能從事航海(即碰撞的結果)，致無法營運收益，亦爲一種損害；該損害，即爲間接損害。或者，貨物因而毀損，無貨物可出售，致無售貨利益（profit）可得，亦爲一種損害；該損害，即爲間接損害。

就一般而言，保險人以承保直接損害爲主；間接損害，則保險契約上，另有約定者外，並不在賠償範圍內。

二、實體損害與費用損害及責任損害

1.實體損害

實體損害（physical loss），即有體物的損害。

例如：船舶、貨物等有體物，發生海上危險，致財產上受到損害，即爲實體損害。

實體損害的原因，即引起實體損害的危險，如爲被保險危險，其損害爲保險標的，則保險人負有賠償責任。

2.費用損害

費用損害，係發生海上危險的結果，因而必須支出費用所致損害。

例如：船舶發生擱淺，加以施救，須支付施救費用，即是一種費用損害。

3.責任損害

責任損害，係發生海上危險的結果，對他人負有損害賠償責任，因而遭受的損害。

例如：A 船撞到 B 船，B 船受損，A 船船主對 B 船的損害，負有賠償損害責任，A 船船主履行賠償責任的結果，所承受的損害，即是一種責任損害。

4.費用損害與責任損害，屬間接損害

費用損害及責任損害發生的結果，被保險人持有資產時，將使資產減少；被保險人無資產時，即發生債務，或增加債務。此類損害，皆屬間接損害。

費用損害與責任損害，就保險利益的性質而言，可以獨立存在，而分別成為費用保險與責任保險。不過，由於費用的支出，或責任的發生，係以發生海上危險為前提，乃以海上保險契約承保。因此，海上保險的法律或條款，對於經常發生的費用損害及責任損害，特別加以規定，由保險人承擔責任。例如：損害防止費用、損害調查費用、共同海損分擔責任、船舶碰撞賠償責任等。

三、全損與分損

依保險標的物遭受損害的程度為準,將損害分為全損與分損。

1.分損

分損（partial loss），為保險標的物一部份滅失或損傷。

例如: 米 1,000 袋,其中 100 袋滅失; 或 1,000 袋都受潮濕; 或者, 船舶發生火災, 貨物的一部份, 被燒毀等, 皆爲分損。

2.全損

全損 (total loss), 爲保險標的物全部毀損或滅失。

全損, 依損害的狀況, 又分爲「實際全損」(actual total loss) 與「推定全損」(constructive total loss)。前者, 又稱「絕對全損」(absolute total loss)。

就保險人的責任而言, 不論實際全損或推定全損, 都負有賠償責任。不過, 在賠償處理上, 其程序與手續, 有所差異。對於「實際全損」, 由於損害狀況, 與損害原因的認定, 及賠償責任的確定, 有明確的事實可資判斷, 得隨即進行理賠。如爲「推定全損」, 則須依另定的程序辦理; 有時要等待一定時間以後, 才能辦理理賠。

3.實際全損

下列情形, 皆爲「實際全損」(actual total loss):

(1)實體的毀壞 (physical destruction)

例如: 貨物因火災化爲火燼, 或被海水所溶解而消失, 或隨著船舶沈沒等, 皆屬於實體的毀壞。

(2)貨物種類改變 (alteration of species)

例如: 皮革因浸水而腐臭; 魚、肉、蔬菜、水果、米等, 因浸水而腐壞變質等。皮革, 已不再是原來的皮革; 魚肉水果, 也變爲不堪食用。

這些貨物, 已非投保當時的貨物; 就商業上的見解而言, 已無原有的商品性質與價值存在。即原有的「貨物種類」名稱, 應有的本質已喪失。此種情形, 即屬「貨物種類改變」的實際全損。

至其剩餘價值，則屬理賠上處分的問題。

　若貨物受損傷，於運抵目的地，經過加工或處理後，能夠以原來的貨物名稱及商品用途出售，縱使其價格較低廉，就不能視爲實際全損。

　例如：米，受潮濕，經過乾燥處理後，以廉價米出售時，只能按分損（partial loss），請求賠償其差價。

　(3)不能恢復的損失（irretrievable deprivation）

　例如：貨物被捕獲、扣押、沒收等。實際上，貨物依然存在，但被保險人無法取回，而遭受全損，即爲這種情形。

　(4)船舶行踪不明（missing of ship）

　船舶行踪不明，經過相當期間後，仍無訊息時，依英法的規定，其貨物可以實際全損處理。

　不過，依我國海商法規定，船舶行踪不明，係得以委付（abandonment）的事由之一，屬推定全損。

　4.推定全損

　下列兩種情形，爲推定全損（constructive total loss）：

　(1)可預見實際全損勢難避免，而予以放棄時。

　例如：船舶在偏僻的絕壁海邊擱淺，天候又值一年當中的颱風季節，依當時情況，無論如何已無可能救助，眼前雖尚未發生實際全損，但很明顯的，船舶早晚會翻覆沈沒，乃予以放棄。船舶、貨物，均可以推定全損處理。

　有一個案例（Rodocapachi v. Elliott 1874），可爲參考：

　有一批生絲，在上海裝船，要運往倫敦。其間，在馬賽（Marseille）卸載，以鐵路經由巴黎（Paris），運往倫敦（London）。這批生絲運抵巴黎時，巴黎已被德軍包圍，以致無法繼續

運送。

法院判決：被保險人可以推定全損處理。

這個案例的旨趣，即以着眼於發生實際全損，已可預見無法避免，也無從救助，乃予以放棄，而認定爲全損。

(2)爲避免發生實際全損，所需支出費用，超過保險標的物價值，而予以放棄時。

例如：在航海中，貨物受損害，如予處理妥善，所需費用，以及再將該貨物繼續運送到目的地，所需費用，可預見會超過該貨物抵達目的地時的價值，而將貨物予以放棄，以推定全損處理。

以一個比喻，說明此一情形的推定全損的旨趣：

某人的一個 10 元硬幣，掉落在深水中，如不把該 10 元硬幣打撈上來，即會發生實際全損。爲避免實際全損，便要打撈而支出 20 元費用。乃予以放棄，即爲推定全損。

此一比喻，當可領會推定全損的認定，係着眼於遭受損害的人（被保險人），所遭受損害的可能性與程度，而不是「物」本身受損害的狀況。

以推定全損予以處理時，原則上，要將保險標的物委付（abandonment）給保險人；保險人比照「實際全損」，予以理賠。

依我國海商法的規定，被保險貨物可以委付的事由如下：

a.船舶因遭難不能航行超過四個月，貨物尚未交付受貨人時。

b.裝運貨物的船舶行踪不明超過四個月時。

c.因應由保險人負保險責任的損害發生，在航海中變賣貨物達其全價值四分之三時。

d.貨物毀損或腐壞已失去全價值四分之三時。

被保險船舶可以委付的事由如下：

a.船舶被捕獲或沈沒或破壞時。

b.船舶因海損所致之修繕費總額達於保險金額四分之三時。

c.船舶不能為修繕時。

d.船舶行踪不明，或被扣押已達四個月仍未放行時。

四、單獨海損與共同海損

依負擔損害的主體為準，損害可分為單獨海損與共同海損。由受害者單獨負擔的損害，稱為單獨海損（particular average）；由有利害關係者共同負擔的損害，稱為共同海損（general average）。

1.單獨海損

單獨海損（particular average），係與共同海損（general average），相對的詞語。即非「共同海損」的，即為「單獨海損」。

例如：

⑴船舶遭遇惡劣天候，發生擱淺，船體鋼板一部份或機器受到損壞，由船主單獨負擔其損害的，為船舶的單獨海損。

⑵海水浸入船艙，貨物受潮濕，發生損害，由貨主單獨負擔，為貨物的單獨海損。

2.共同海損

共同海損，由船舶、貨物及運費的利害關係人，全體公平負擔。

當船舶裝載貨物在海上航行時，遭遇危險事故，如不設法予以防避，將使船舶及貨物都遭受損害。因此，由船長視當時的情況，採取合理而且必要措施，或支付費用，或作某種犧牲，以保

護多數貨物及船舶的安全，因此發生的損害，即「共同海損」。

上面所述，即「船舶及貨物遭受共同危險的威脅，爲共同救助的目的，故意而且必要的採取緊急措施，作異常的犧牲，或支出異常的費用時，共同海損行爲（general average act），即告成立。共同海損行爲直接所致毀損滅失或費用，稱爲共同海損（general loss）。」

共同海損，或稱「共同海損損害」（general average loss）、包括「共同海損犧牲」（general average sacrifice）及「共同海損費用」（general average expenditure）。這些，由利害關係人分擔，各個人所負擔的分擔金，稱爲「共同海損分擔額」（general average contribution）。

(1)共同海損犧牲

共同海損犧牲，係共同海損行爲致使保險標的物毀損或滅失。

例1：裝載貨物的船舶，在惡劣天候中，瀕臨沈沒的情況下，爲了減輕船載，而將一部份貨物投棄於海中，使得船舶及存留貨物免於沈沒。在此情形下，被投棄（jettison）的貨物，即爲共同海損犧牲。

例2：裝載貨物的船舶，在航海途中遇到颱風，船長經過判斷，認爲如不急速前進，在就近海濱，將船舶予以擱淺，船舶及貨載，都難免沈沒。因此，採取其適當措施，船底因觸礁而受損。在此種情形下，該損害，即爲共同海損犧牲。

(2)共同海損費用

共同海損費用，係共同海損行爲所需支出的異常費用（extraordinary expenses）。

例1：船舶在危險處所擱淺，爲減輕載重，使船舶上浮，從陸

上僱用工人，使用駁船，將貨載卸下，所需費用，即爲共同海損費用。

　　例2：爲了貨載、船舶及運費的共同安全，船舶駛入避難港避難，因而發生的入港費用、領港費用、港工捐等，即爲共同海損費用。

　　(3)共同海損分擔額

　　共同海損分擔額，指共同海損犧牲與共同海損費用等損害，由船舶、貨物與運費的全都或一部，獲得保全的利害關係人（如船主、貨主等），對受害者，即被供作犧牲或支付費用之人，賠償其損害所分擔的金額。

五、特定分損與其他分損

　　在貨物保險實務上，依 F.P.A.與 W.A.的主要差異，將單獨海損分爲特定分損與其他分損。

　　1.特定分損

　　依1963年協會貨物保險條款的「單獨海損不賠償」（Free from Particular Average：F.P.A），即俗稱平安險的旨趣，原則上，保險人對單獨海損，不負賠償責任。但有若干危險所引起的單獨海損，保險人仍負賠償責任；該等單獨海損，即爲特定分損。

　　上述「若干危險」，有船舶發生擱淺、碰撞、沈沒、火災等。陸上運送危險，亦在承保範圍內，則出軌、翻覆等，也包括在內。

　　實務上，或以 S.S.B.C.所致損害，代替特定分損的名稱。S.S.B.C.分別爲 Sinking(沈沒)、Stranding(擱淺)、Burning(火災)、Collision（碰撞）的字首。

特定分損，在理賠上，不適用免責比率。

2.其他分損

其他分損，爲特定分損以外的單獨海損。而不屬於上述碰撞等危險，所引起的單獨海損。

例如：貨物因高浪衝刷甲板，海水浸入艙內，而受潮濕，引起損害，即爲其他分損。

其他分損，在理賠上，除保險契約另有約定者外，要適用免責比率。

1963 年的協會貨物條款（Institute Cargo Clauses），係以（F.P.A.），（W.A.），（All Risks），分別其承保範圍。上述特定分損與其他分損的區分，正是（F.P.A.）與（W.A.），區別上的重點。即前者，對其他分損，不負賠償責任。因此，有必要分爲特定分損與其他分損，在概念上，易於表達清楚。

1982 年 1 月 1 日起，使用的新格式海上保險單（New Marine Policy Form），及其相配合的協會貨物條款（Institute Cargo Clauses），改以（A）、（B）、（C），分別承保範圍。其內容的訂定方式，有所改變。因此，上述特定分損與其他分損的區分，並不適用於(A)、(B)、(C)條款。

第五章 意外保險

第一節 航空保險

一、承保危險

航空保險(aviation insurance)所承保的危險，爲飛機從事航空所可能發生的危險，或可稱爲航空危險。猶如，海上保險所承保的危險，爲航海危險。

依我保險法(第 85 條)規定，航空保險所承保的危險，爲「航空一切事變及災害」。亦即航空危險。

航空危險的範圍，包括飛機起飛、空中飛行，降落，及停置於地面上的危險。

二、航空危險的內容

航空危險，即航空事故的內容，以發生處所分類，大致如下：

1.飛行中的事故

引擎故障(engine trouble)、火災(fire)、墜落(crash)、迫降(forced landing)、緊急降落(emergency landing)、空中碰

撞(collision in the air)、失蹤(missing)等。

2.起飛、降落、滑行中的事故

起飛(take off)、降落(landing)時輪子故障、刹車操作失誤(error)、翻覆(overturn)、衝出(overrunning)、地上翻轉(ground looping)、機腹着陸(wheels-up landing；belly landing)等。

3.地面上的事故

停留機坪、停泊於機倉中的損害事故。

三、航空事故發生的原因

航空事故發生的原因，因飛機的特性，多有其獨特性。若從外觀加以歸納，大致如下：

1.人為的原因

諸如：駕駛員的過失、監督人、機上人員、地上勤務人員等的過失所致。

2.機械上的原因

諸如：動力裝置的故障，構造上的缺陷，儀器故障，飛機固有偏向的特性等所致。

3.不可抗力的原因

諸如：地震、火山噴火、海嘯、洪水，其他氣象上的突變等所致。

4.其他原因

諸如：機場，或跑道的缺陷，地上引導裝置的故障等所致。

四、主要航空事故發生的狀態

按航空事故別，舉述其發生的狀態，大致如下：

1.碰撞事故

在飛行中，與他機或障礙物的碰撞，多為天候不良，或駕駛員的過失，或航空管制上的過失；專門技術上的過錯，如檢查疏忽而未發現機能上的缺陷等，所引起的。

2.墜落事故

大部份為動力推進裝置的故障，駕駛員的過失、天候不良、專門技術上的過錯等，所引起的。

3.迫降事故

主要為動力推進裝置的故障、專門技術上的過錯，天候的突變等，所引起的。

4.火災事故

大部份為動力推進裝置的故障所致。即該項機器故障的結果，發動機，給油抽油機（pump），或油路系統的燃料，或潤滑油起火所致。

5.起降事故

起降時的事故，以駕駛員的過失，氣象突變（如龍捲風，旋風等），機場跑道不完備，專門技術上的過錯，航空管制的過失等，為主要原因。

6.地上事故

修護人員及其他從業人員的過失，第三人的惡意行為，氣象上的變化（如颱風）等，所引起的。

五、探究事故原因的效益

飛機發生事故的原因，並不限於一個因素，往往有二個以上的因素相結合，而且由遠因、近因，或直接、間接的原因，構成的情形，並不少。因此，對飛機發生事故的原因加以探究，對保險人與被保險人，皆有其效益。

1.對保險人而言

航空事故發生的原因，與保險人所承保危險內容，有密切關係。因此，究明事故原因，在判斷保險人賠償責任上，甚為重要，可謂不可或缺的。

2.對被保險人而言

由於究明事故的原因，可資研究改良機體機器，增進飛機的安全性，提升業界的可信賴度，有益於經營。

六、航空保險的種類

航空危險所致損害，大致上，有三類：
(1)飛機本身財產上的損害，
(2)飛機載運貨物財產上的損害，
(3)基於損害賠償責任所受的損害。

其中，貨物財產上的損害，通常係以海上貨物保險契約，附加航空條款(Institute Cargo Clauses(Air))的方式，予以承保。

這些損害發生的主體不同，又有不同的保險利益，因此出現在保險契約上，形成了航空保險的種類。其內容，大致上如下：
(1)飛機機體保險，
(2)第三人責任保險，

(3)乘客責任保險，

(4)貨物責任保險，

(5)機場管理人責任保險。

七、 飛機機體保險

I.保險標的物

本保險的保險標的物，爲飛機。

保險上所稱飛機，指飛機的骨架、發動機、推進器，及構成飛機機體中一部份的器材，及其附料、裝備品等。

飛機所運載的物品，其容易帶出機外的，或隨飛機的飛行供爲消耗的物品，均不在保險標的物範圍內。

例如：機務人員携帶的物品，乘客手提行李，服務旅客的毛巾、食物、器皿等。

飛機的燃料，經特別約定，載明於保險契約，可包括於保險標的物範圍內。

2.保險標的

(1)所有利益

飛機機體保險，以飛機所有權人的「所有利益」，爲主要保險標的。亦即保障飛機本身的損害。因此，上述保險標的物範圍，與損害金額的估計，有密切關係。

(2)費用利益

飛機發生保險事故時，可能發生的旅客搜索救助費用、損害防止費用、淸理飛機殘骸費用等，屬於「費用利益」，以此爲保險標的。係以加保的方式，附加於飛機機體保險。

3.承保範圍

飛機機體保險的承保範圍，就所承保危險的內容以言，可稱為「全險」(All Risks)的保險契約。

⑴危險內容

飛機因墜落、迫降、翻覆、火災、爆炸、破損、地震、風災、水災等偶然事故，所致一切直接損害(accidental loss of or damage to the aircraft)，保險人負賠償責任。

⑵危險發生處所

這些偶然事故發生的處所，包括飛機「在飛行中」，「在滑行中」，「在停泊中」。這些處所，幾乎概括了飛機的全部「活動」範圍。

上述處所，依我國飛機機體保險規章，其定義如下：

a.「在飛行中」(in flight)

指飛機向前移動準備昇空時的滑行，及在空中時，及降落時的滑行。直升機則指螺旋器轉動時。

b.「在滑行中」(taxying)

指除「在飛行中」外，依其本身的動力移動。

水上飛機，則指除「在飛行中」、「在停泊中」之外的水面浮行。

c.「在停泊中」(moored)

指飛機被曳入及停留於停泊處所時。

4.除外責任

保險人不負賠償責任的內容，大致如下：

⑴飛機不能使用的損害(loss of use)。

例如：收益減少或喪失等間接損害。

⑵被保險人之一方故意或惡意所致損害。

被保險人之一方(on the part of the insured)，指要保人，被保險人，保險金受領人，及這些人的代理人(包含法人的理事，或準用之人)，駕駛員及僱用人等。凡與被保險人的利害一致之人，均包括在內。這一項宜訂明於保險契約上。

重大過失所致損害，未予除外，為其特色。或係考慮到航空時，發生的損害，大部份起因於駕駛員職務上、技術上的過失。如將重大過失所致損害，予以除外不賠，將使航空保險的效用，大為減少。

(3)要保人，被保險人，或駕駛員，違反飛機適航證書有關規定，或違反飛機適航有關法規，所致損害，係因這些人的故意或惡意所引起的。

(4)自然耗損，機能低下，及機械上的故障。

飛機因使用而毀損、折舊、破損、磨損、破碎，及機器上、結構上、電力供應系統上、供水系統上、氣體循環系統上的任何損壞。

例如：航空中，發動機故障，係其機械本身的故障，保險人對該機械的故障損害，不負賠償責任。

但是，如因該項故障的結果，飛機因而墜落受損，其損害係屬偶然事故所致，保險人負賠償責任。

(5)因任何政府當局或機關、軍事機構、侵略力量，不論合法與否的掠奪、沒收、逮捕、限制、拘禁、罷工、暴動、民眾騷擾等所致損害。

(6)飛機使用的目的，非保險單所記載的使用目的，在其使用時，發生的損害。

(7)飛機由保險單所記載駕駛員以外，其他人駕駛時，發生的

損害。

此項，不問損害是否起因於該駕駛人的駕駛所致，亦不問該駕駛人是否有合格的駕駛技能，凡在該駕駛人駕駛時，所發生的一切損害，保險人不負賠償責任。

(8)飛機使用於比賽飛行，創記錄飛行，表演飛行，特技飛行等，具有異常危險的飛行，在其飛行期間發生的損害。

5.保險價額與保險金額

(1)保險價額

由保險人與被保險人，協商訂定，屬協定保險價額。

原則上，被保險飛機，如屬製造後即予購買的新製品，係以其購買價格，作為保險價額。

如屬中古飛機，其價額可分為市場上的交易價格，與被保險人的帳面價格。可以這般價格，作為保險價額。

但有主張仍按全新的價額，作為中古飛機的保險價額。其主要理由如下：

a.發生分損時，所需修繕費用，按全額予以賠償。即修繕中古飛機，與修繕新飛機，其零件價款及修繕工資，在基準上，並無不同。

b.在分損情況下，保險人對中古飛機與新飛機，所承擔賠償責任一樣。中古飛機的保險價額，若以其交易價格，或帳面價格為準，保險金額隨之亦低，保險費亦少，顯然不妥當。

實務上，為兼顧保險人所承擔責任的合理化，與飛機的經濟上效用的逐年減退情形，乃採取適度逐漸減少的方式，訂定其保險價額。

例如：日本的實務上，中古飛機的保險價額，係以其新購入

價格爲準，每年減少 5%至 10%。但最低價額，原則上，以新購入價格 60%至 70%爲限。

⑵保險金額

飛機機體保險，以保險價額，作爲保險金額，屬足額保險。

實務上，如有不足額保險，其理賠方式有二種：

a.按保險金額與保險價額比例，計算賠償金額，並以保險金額爲限。

b.在保險金額範圍內，按實際損害金額，予以賠償。

爲維持飛機發生分損時，保險人對其修繕費用所負擔的賠償責任，與其保險價額的比例，力求適當，有按飛機的組成部份，分別訂定其保險金額的。

例如：按引擎、機身、主翼、尾翼等，依其比例，分別訂定保險金額。發生分損時，就各組成部份，計算其損害金額，予以賠償。各部份的賠償金額，以各部份的保險金額爲限。

發生分損，經保險人賠償後，並不從保險金額中，扣減賠償金額，即仍按原保險金額，負擔保險責任。

⑶自負額

飛機機體保險契約上，通常多規定被保險人對損害金額，負擔一部份。被保險人負擔的這一部份，稱爲自負額(deductible or excess)。

自負額，或訂明金額，或以保險金額爲準，訂定若干百分比。損害金額，在自負額以下時，保險人不予賠償；超過自負額時，就超過部份，負賠償責任。自負額，通常多僅適用於分損，不適用於全損。

自負額設定的目的有二：

a.爲喚起被保險人的注意義務，防止掉以輕心所引起的事故發生。因此讓被保險人自己負擔一部份損害，似有其必要。

b.爲節省保險費。自負額愈高，可減少的保險費愈多。

八、責任保險

1.第三人責任保險

第三人責任保險，係對直接起因於飛機的墜落，或從飛機上掉落的人體或物體，致使第三人死亡，或人體受到傷害，或財物受到損害，被保險人依法負有賠償責任，因而所受損害，保險人予以賠償的一種責任保險。

2.乘客責任保險

乘客責任保險，係對飛機在維護或使用中，發生任何事故，致乘客受體傷、疾病或死亡，或財產上受到損害，依法被保險人負有賠償責任，因而所受損害，保險人予以賠償的一種責任保險。

3.貨物責任保險

貨物責任保險，以航空運送業者爲被保險人。被保險人對承受運送的貨物，發生毀損、滅失、遲延送達，或處理錯誤，所生損害，依法負有損害賠償責任，因而所受損害，保險人予以賠償的一種責任保險。

4.飛機場責任保險

飛機場責任保險，以國內飛機場之所有人或管理人爲被保險人。承保內容，包括第三人意外責任保險，及代人保管或管理的飛機或航空器材損失責任保險。

(1)第三人意外責任保險。

此項保險，爲被保險人或其受僱人在飛機場內，因經營業務

的疏忽或過失，或因設置、保養或管理欠缺，所發生意外事故，或因供應物品，致第三人死亡、體傷，或財物受損害，被保險人依法負有賠償責任，因而所受損害，保險人予以賠償。

⑵代管器材損失責任保險

代人保管或管理的飛機或航空器材損失責任保險，爲被保險人在飛機場內，代人保管或管理的飛機或航空器材，因意外事故所致損害，被保險人依法負有賠償責任，因而所受損害，保險人予以賠償。

第二節　內陸運送保險

一、內陸運送保險的概念

Ⅰ.係一綜合性名稱

內陸運送保險(Inland Transportation Insurance,或稱 Inland Marine Insurance)，係一綜合性名稱，其保險種類繁多。究其起源，係將海上保險(Marine Insurance)所承保的陸上運送部份，予以分離獨立，成爲另一保險範疇而來。實務上，或簡稱爲「運送保險」。

準此以言，內陸運送保險，係以「運送保險」爲濫觴。其後，因應需要，將海上保險、火災保險未承保的危險，亦予以承保，以期對於財物的運送或搬移，有關的危險，能提供多一份保險的保障，因而逐漸設計新增加的保險種類。更且，進一步將與「運送」、「搬移」無關的財物或危險，納入本保險。因此，種類繁多，內陸運送保險乃成爲一個綜合性名稱。

2.原則性的定義

內陸運送保險，係一概括繁多保險種類的綜合性名稱。因此，對此一性質的名稱，要給予週延性且妥切的定義，甚爲困難。其原則性定義，或爲如下：

內陸運送保險，係承保內陸運送中的財物，或運送有關的財物的保險。

3.可承保財物繁多

內陸運送保險，涵蓋保險種類之多，從其承保的財物種類，可以看得出來。

內陸運送保險，可承保的財物繁多，幾乎是不論動與不動的財物，均予承保。茲列舉若干如下，可爲參考：

橋樑、隧道、輸送管、動力設備、電話電報線、電臺、電視臺設備、寶石、皮貨、攝影機、樂器、建築及農業用具、成衣加工、機械工程的安裝、展示中的財物等。

4.係一全險的保險契約

內陸運送保險，原先係承保特別約定的危險。其後，則以「全險」(All Risks)爲基礎。目前，承保特定危險的保險單，雖然繼續存在，但使用「全險」的保險單，較爲普遍。

本保險的「全險」，並不包括自然耗損，固有瑕疵、蟲蛀、戰爭、暴動等危險。與海上保險的「全險」(All Risks)，亦無不同。

5.內陸運送保險的分類

內陸運送保險，大致上，可分爲(1)運送保險，(2)內陸運送流動保險，(3)橋樑、隧道保險等，三大類。其中，(2)內陸運送流動保險，依其保險契約的使用對象，又分爲個人用流動保險，與商業用流動保險。

二、運送保險

「運送保險」這一類，可以「全年運送保險」(Annual Transit Policy)爲代表。其他，還有「單程運送保險」(Trip Transit Policy)、「郵包保險」(Parcel Post Policy)、「掛號郵件保險」(Registered Mail Insurance)等。其概要如下：

1.全年運送保險

全年運送保險(Annual Transit Policy)，承保被保險人送出或收到的貨物，在其運送過程中的危險。

保險期間爲一年。在保險期間內，每批貨物的保險效力，係自貨物離開起運地（如工廠、商店、倉庫）時開始，至貨物到達目的地（如工廠、商店、倉庫）止。

2.單程運送保險

單程運送保險(Trip Transit Policy)，承保被保險人所託運的貨物，在運送過程中的危險。其運輸工具，爲火車、輪船、汽車。

保險效力，自承運人收到貨物時開始，至運抵目的地時終止。

3.郵包保險

郵包保險(Parcel Post Policy)，承保商業上的郵包。保險期間，自郵局收件時開始，至郵包送達收件地址時終止。

4.掛號郵件保險

掛號郵件保險(Registered Mail Insurance)，承保掛號郵件及捷運公司(Express Company)運送的財物。諸如：有價證券、金銀、珠寶等。爲銀行、信託公司、證券公司等所利用。

三、內陸運送流動保險

內陸運送流動保險(Inland Marine Floater)，分爲個人用流動保險，與商業用流動保險二類。其概要如下：

㈠個人用流動保險

1.家財流動保險

家財流動保險(Personal Property Floater)，爲內陸運送流動保險的代表。又稱「住屋者綜合保險」(Householders Comprehensive Policy)。

本保險，承保被保險人或同居家族的家財，於住宅內外，因火災、落雷、颱風、雹害、爆炸、洪水、地震、竊盜、運輸工具發生事故等，所致損害。

與被保險人同居之人，及家事佣人，隨其出外，攜帶供自己使用的財產，可以附加方式，予以保險。

2.個人特定物品流動保險

個人特定物品流動保險(Personal Article Floater)，承保照相機、美術品、皮件、高爾夫球具、寶石、樂器、銀器、集郵、及古幣等財物。

保險單上，載明物品名稱，及金額。但無處所限制。

3.隨身物品流動保險

隨身物品流動保險(Personal Effects Floater)，承保被保險人及其妻子、未婚子女等，所有或使用的隨身物品，攜帶外出，因承保危險所致損害。

本保險，爲一般旅行者，所廣爲利用。

4.腳踏車流動保險

腳踏車流動保險(Bicycle Floater)，承保個人所有的腳踏車。但腳踏車本身發生故障、自然耗損、生銹，或使用中的損害（除非火災、爆炸等所致），不承保在內。

5.照相機流動保險

照相機流動保險(Camera Floater)，承保個人及法人所有的照相機、攝影機、放映機、影片、底片等財物。

照相機銷售業者，其存倉的照相機，如需保險，可利用「照相機經銷商保險」(Camera Dealer's Policy)。

6.美術品流動保險

美術品流動保險(Fine Arts Floater)，承保個人及團體所有的圖畫、彫刻、工藝品等物品。原則上，保險單上，載明物品名稱及其金額。

在展覽會展出中的作品，如無特別約定，並不承保在內。

美術品銷售業者，其存倉的作品，如需保險，可利用「美術品經銷商保險」(Fine Arts Dealer's Policy)。則代人保管的作品，亦可包括在內，予以保險。

7.寶石、皮件流動保險

寶石、皮件流動保險(Personal Jewelry Floater, Personal Fur Floater)，承保被保險人及家族所有的寶石、皮件，在世界各地移動的危險。

皮件銷售業者，其存倉的物品，如需保險，可利用「皮件經銷商保險」(Fur Dealer's Policy)。

8.高爾夫球具流動保險

高爾夫球具流動保險(Golfer's Equipment Floater)，承保

高爾夫球桿及其他高爾夫用具，以及被保險人存放於球場櫥櫃中的衣物。

9. 樂器流動保險

樂器流動保險（Masical Instrument Floater），承保個人或樂團的各種樂器。

一般人利用的保險條件，爲「全險」（All Risks）。

樂團利用的保險條件，以特別約定的方式承保，可承保的危險，有火災、落雷、颱風、洪水、竊盜，及運送工具發生事故等。

樂器經銷商，其存倉的樂器，如需保險，可利用「樂器經銷商保險」（Musical Instrument Dealer's Policy）。

10. 銀器流動保險

銀器流動保險（Silver War Floater），承保銀、白金、不銹鋼等餐具，及其他製品。但煙斗、筆尖、裝飾品、營業上或職業上有關係者，不予承保。

11. 運動用具保險

運動用具保險（Sportsmen's Equipment），承保各種運動用具及其附屬品。保險單上需載明運動用具的種類。

12. 集郵及硬幣流動保險

集郵及硬幣流動保險（Stamp and Coin Collection Floater），承保集郵者及硬幣收藏者，所收集的郵票及珍貴硬幣。係爲這些物品收集者的需要，而設計的保險。

13. 結婚禮物流動保險

結婚禮物流動保險（Wedding Present Floater），承保的財物，爲結婚禮物。但汽車、飛機、不動產、現金、有價證券、搭乘交通工具的票券等，除外不保。

保險期間，自收受禮物起至收存於新婚家庭止。亦可包括新婚旅行期間。但保險期間，最長不超過結婚後 90 日。

(二)商業用流動保險

1.珠寶商概括保險

珠寶商概括保險(Jewlers Block Policy)，係爲寶石、眞珠、鐘錶、貴金屬等製造業者，及販賣業者，而設計的。

本保險承保的財物，爲被保險人本身的商品，以及爲修理，及其他目的，而保管的顧客的鐘錶。

2.農業、建築用具保險

農業、建築用具保險(Equipment Dealer's Policy)，承保可自由移動的各種農業用具，或存放倉庫的建築用具。亦可承保，爲販賣、展示、保管、修理，而由被保險人負保管責任的他人的物品。

3.應收帳款保險

應收帳款保險(Accounts Receivable)，承保企業對顧客的應收帳款，因其記錄滅失或遺失，致不能收取，而遭受的損害。

該項記錄的滅失或遺失，原則上，以發生在被保險人企業場所內者爲限。但可以特別約定，並加繳保險費的方式，將攜帶外出，運送途中，發生事故以致受害，包括在承保範圍內。

4.霓虹燈誌保險

霓虹燈誌保險(Neon Sign Floater)，承保霓虹燈誌，因意外事故所致損害。並包括運送途中，因火災、碰撞、車輛翻覆等所致損害。

但拆卸、裝置時的破損，或搬運時發生的破損，機械本身的

故障，除外不保。電光揭示板，亦不予承保。

5.安裝保險

安裝保險(Installation Policy)，承保機械，及各種設備，自運送開始，至安裝地，以及在安裝中、試車中的危險。

主要危險，有火災、落雷、颱風、洪水、爆炸、地震、罷工、強盜、運送工具的碰撞、翻覆等。可依個案需要，訂定保險契約內容。

6.電視臺、廣播電臺流動保險

電視臺、廣播電臺流動保險(Television and Radio Station Floater)，承保電視臺、廣播電臺的輸電塔，及各種設備，因意外事故所致損害。

7.皮貨商顧客流動保險

皮貨商顧客流動保險(Furrier's Customers Floater)，承保皮貨商、百貨店、倉庫業者，爲顧客保管、修護、修改、洗濯等，而保管的皮貨衣物。

皮貨商爲顧客投保本保險後，業者於受託顧客衣物時，即於保險證明表件上，填註物品名稱及金額後，交付顧客，保險立即生效。

8.加工業者流動保險

加工業者流動保險(Processor's Floater)，承保木棉漂白業者、生絲撚絲業者、皮革製造業者、衣物染整業者，對受託加工的物品，所負保管責任(法律上及契約上的責任)，及運送中的責任。

9.收發冷藏物品保險

收發冷藏物品保險(Cold Storage Locker's Contents Policy)，以收受顧客寄存的物品，保管於冷藏庫，收取費用的冷藏業者，爲承保對象。

承保業者，從收受物品，保管，至送還止，整個保管期間的責任。保管中，因機械故障，致物品腐壞的損害，亦承保在內。

10.承包業者機具流動保險

承包業者機具流動保險(Contractors Equipment Floater)，承保建築物、水庫、道路、輸送管線工程等，各業者所有或租賃的營建工程作業用具。

諸如：汽鏟(Steam Shovel)、水泥拌攪機(Concrete Mixer)、起重機(Crane)等，各種作業工具。

11.家畜流動保險

家畜流動保險(Farm Livestock Floater)，承保農場、牧場的牛、馬、羊等牲畜。

承保危險，有火災、落雷、颱風、爆炸、地震、洪水、竊盜等，並包括運送途中的危險。

12.成衣製造業者流動保險

成衣製造業者流動保險(Garment Contractors Floater)，承保成衣製造業者，所製造、加工的衣物，及其材料，自離開其處所開始，至送回爲止，因危險事故所致損害。

承保危險，有火災、落雷、自動消防裝置滲漏、水濕、偷竊（作業時間內發生者除外）、強盜、颱風、雹害、煙害、飛機、車輛等所致損害、鍋爐爆炸，及運送途中的危險。

13.推銷員流動保險

推銷員流動保險(Salesmen's Floater)，承保推銷員所攜帶的商品樣本，以及運送給推銷員的樣品。但皮件、寶石類，通常

予以除外，不承保。

14.戲團流動保險

戲團流動保險(Theatrical Floater)，承保隨著戲團遷移的舞臺設備、衣裳行頭等。

保險標的物，以保險單上載明演出的劇名，所需要使用者爲限。

15.製造業者產品保險

製造業者產品保險(Manufacturer's Output Policy)，承保被保險人存留於其製造工廠以外處所的一切動產。

上稱動產，包括原料、材料、製品、機械、器具、商品樣本、展示品、帳簿、汽車及其他運輸工具、運送中的物品，在加工業者處所內的物品，存放於倉庫保管的物品，存放於他人處所的物品，在工廠以外處所展示的物品，推銷員攜帶的物品等。

但現金、有價證券、木樁、生長中的農作物、動物、飛機、船舶等，不予承保。

16.現金保險

現金保險，承保「現金」在運送途中，或保存於金庫或保險櫃中，或放置於櫃臺範圍內，因遭受竊盜、搶奪、強盜、火災、爆炸，或其他意外事故所致損害。

至於罷工、暴動、民衆騷擾、颱風、地震、洪水，或氣象上的災變等，所致損害，需另行加保。

「現金」，係指國內現行通用的紙幣與硬幣，以及外幣。

至於債券、支票、匯票、本票，及其他有價證券等，需另行加保。

本保險，以政府機構、金融事業，及公私企業，爲承保對象。

四、橋樑隧道保險

橋樑隧道保險(Bridges and Tunnels lnsurance)，承保橋樑，及其他運輸及交通設備(Bridges and Other lnstrumentalities of Transportation and Communication)。其內容，包括橋樑、隧道、高架道路(elevated highway)、陸橋(viaducts)、水中道路(causeways)等。

承保內容如下：

1.財物損害

已完成橋樑、隧道等，財物本身的損害。

2.預期收益

橋樑或隧道，因發生意外事故，不能通行，致無通行費收入，因而遭受的損害。

3.建築中損害

建築中的橋樑、隧道等，因意外事故所致財物本身的損害(包括工地材料)。

第三節　汽車保險

一、保險標的物

1.汽車的定義

汽車保險，以汽車為保險標的物。

汽車保險契約上，所稱被保險汽車，除經特別載明者外，係指契約上所載明的汽車或其附掛的拖車，包括必要且固定裝置於

汽車上的零件及配件。

　2.汽車的種類

　⑴按汽車本身的用途分類

　有客車、貨車、消防車、警備車、醫療車、救護車、監犯車、工程車、灑水車、垃圾車、郵車、油罐車、特定用途巡迴車等。

　⑵按汽車型體大小分類

　有小型車、大型車等。

　⑶按汽車使用性質分類

　有自用汽車、營業汽車、特種汽車等。

　上述分類，予以綜合時，則為自用小客車，營業小客車；自用大客車，營業大客車；自用小貨車，自用大貨車；營業小貨車，營業大貨車等。

　汽車的用途、型體及使用性質，與危險事故的發生，有密切關係。係釐訂保險費率的主要因素之一。

二、保險標的

　一個汽車保險契約，可以有一個保險標的，也可以有二個以上的保險標的。其中，以「所有利益」與「責任利益」，為主要保險標的。

　1.所有利益

　「所有利益」，係汽車所有人，基於所有權而存在的一種保險利益。即汽車發生保險事故而毀損時，汽車所有人會遭受的損害。

　以「所有利益」為保險標的，汽車保險契約上，稱為「汽車損失險」。

　2.責任利益

「責任利益」，係使用汽車，發生意外事故，致使第三人遭受損害，對第三人負有損害賠償責任，受到求償，因而所受的損害。

以「責任利益」爲保險標的，汽車保險契約上，稱爲「第三人責任保險」。

三、承保範圍

以現行汽車保險單條款(74／5／1)爲例，其承保範圍概要如下：

1.汽車損失險

(1)汽車綜合損失險

被保險汽車碰撞、傾覆、火災、閃電、雷擊、爆炸、拋擲物、墜落物，或第三人的非善意行爲，所致毀損滅失，保險人負賠償責任。

(2)汽車竊盜損失險

被保險汽車，因偷竊、搶奪、強盜，所致毀損滅失，保險人負賠償責任。

2.第三人責任保險

因使用被保險汽車，發生意外事故，致第三人身體受傷、死亡，或財物受損害，依法被保險人負有賠償責任，受到求償，因而所受的損害，保險人負賠償責任。

上述「身體受傷」，即「體傷」(bodily injury)，指僅限於「身體」的傷害；不包括「精神」上的傷害，以及因體傷而喪失的利得。例如，不能工作而失去的報酬。

財物損害，僅限於「有體物」的直接損害；不包括不能利用有體物，而喪失的利益。例如，營業車不能使用，而減少的收益。

四、保險金額

1.汽車損失險

按訂立保險契約時，汽車的實際價值，訂定保險金額。實際價值，以市價為準。市價取決於汽車的廠牌、型式、製造年份、性能、裝備、用途、市場性等因素。

汽車的實際價值不同，其保險金額亦異。未按實際價值（即保險價額），訂定保險金額，依然會發生不足額保險，或超額保險的問題。

2.第三人責任保險

被保險人因使用汽車，發生意外事故，致第三人遭受損害，須負損害賠償責任的情形，並不盡一致。視被保險人及受害的第三人，其社會地位、身分、經濟能力、遭受損害的程度，與請求賠償的金額等，而有差異。此外，「損害賠償責任」係發生於未來，難於事先訂定合乎實際需要的金額。

因此，意外責任保險的保險金額，在兼顧被保險人繳付保險費的意願，與保險人承擔保險責任的把握，通常由保險人訂定若干級組，由被保險人選擇，訂定其保險金額。

例1：傷害部份

　　　　每一個人體傷　　15,000 元

　　　　每一個人死亡　　30,000 元

　　　　每一個事故　　　60,000 元

　　　　財損部份　　　　20,000 元

例2：傷害部份

　　　　每一個人體傷　　200,000 元

　　　　　　每一個人死亡　　400,000 元
　　　　　　每一個事故　　　800,000 元
　　　　　　財損部份　　　　200,000 元

五、汽車保險的強制性

　　汽車損失險，屬於任意保險，被保險人可自由決定是否投保。
但第三人責任保險，依交通主管部門的規定，係屬強制保險。即
汽車投保「第三人責任保險」，爲申請核發牌照及行車執照的必要
條件之一。因此，汽車保險的「第三人責任保險」，具有強制性。

　　投保汽車保險的「第三人責任保險」，雖係強制性，但對其應
投保的保險金額，未作強制性規定，以致實際上，部份車主係爲
「牌照及行車執照」而保險，選擇的保險金額偏低，而流於形式。
若能嚴訂足以達成強制保險的立法原意的保險金額，並爲強制性
規定，當較具強制保險的意義。

六、汽車保險費率與損害率

1.訂定保險費率的要素

　　汽車保險費率，係依汽車種類、承保危險內容、汽車年份、
廠牌、保險金額等要素，予以訂定。

　　因此，保險費，實際上，即代表損害率。所以，當損害率，
超過保險費所代表的損害率時，保險費率便須調整。若不加以調
整，保險人在經營上將會發生問題。諸如：保險費收入，不足以
支應營業費用，以及賠償費用，而發生虧損；或在再保險業務處
理上，發生困難，而減少承保；或對某類汽車不予承保。此等情
形，均非正常現象。

2.損害率增高的因素

汽車損害率的高低，除汽車本身的要素外，尚受其他有關因素的影響。這一方面的因素，似屬潛在因素，卻是左右汽車損害率高低的主要因素。諸如：

(1)汽車駕駛人肇事後，對受害人應負的損害賠償責任，及其應負的刑事責任，法律規定是否完備，其法律效果是否嚴密。

(2)汽車交通工程是否完備，交通管理、指揮系統及措施是否良好。

(3)駕駛人的交通教育，守法精神，駕駛道德，是否良好；對於損害賠償責任的義務觀念，是否強烈。

(4)保險費率制度，是否完備。例如，有無考慮違規記錄，駕駛人職業、年齡、婚姻狀況，自備車庫等因素。

(5)理賠有關規定，是否妥切。例如，以指定駕駛人為限。

(6)被保險人與理賠作業上的「道德危險」，是否能加以防止或減少。

這些潛在因素，對於交通（汽車）事故的發生率，具有決定性影響。交通（汽車）事故發生率高，汽車保險的損害率，隨之增高。若能針對這些影響損害率的潛在因素，加以改善，或採取適當措施，當可降低汽車保險的損害率。

第四節　責任保險

一、責任保險的意義與效能

1.責任保險的意義

責任保險(Liability Insurance)，為被保險人因其行為，致使第三人發生損害，依法負有損害賠償責任，受到求償，而為給付，因而遭受的損害，保險人予以填補的一種保險。

例如：被保險人開車撞傷行人(第三人)，該行人向被保險人請求賠償醫療費用，依法被保險人負有賠償責任，乃支付該項醫療費用給該行人；其結果，被保險人承擔該項損害，則由保險人予以賠償。

2.責任保險的效能

責任保險，不僅可以保障被保險人因履行損害賠償責任所受的損害，獲得填補；更可以保護直接受害者，即第三人所遭受的損害，獲得賠償。使得加害人與受害人，都受到保障，而產生一份安定社會的效能。

3.責任保險的發展

在權利義務與賠償損害的觀念發達的社會，責任保險也隨著發展。不僅對責任保險的需求增加，其保險金額也隨著賠償損害金額的增高而增高。

若是，受害人於遭受損害時，自認倒楣，不為請求；或為請求時，欠缺法律上週到的保障，而無法請求或獲得實際效果。或如加害人，對其加害行為所生損害，置之不理，或無賠償損害的資力，受害人對之亦無如之何。則責任保險，不僅發展緩慢，亦將不會被重視。

當今社會，權利義務的觀念，日益徹底而發達；各項活動日益繁多，活動範圍益形擴大，一個人的行為，在有意或無意中，加害於他人的可能性，隨著增加。責任保險，應該隨著發展，以發揮其效能。

二、保險標的與範圍

1.保險標的

責任保險的保險標的，爲「損害賠償責任」。在保險利益的分類上，當屬「責任利益」。

2.保險標的範圍

損害賠償責任的範圍，相當廣泛。就其發生的原因而言，大致上爲不法行爲，與債務不履行。其中，不法行爲的內容，較爲複雜。

一般不法行爲，諸如：⑴有加害他人的故意、過失存在，⑵實際違法侵害他人權利或利益，⑶加害人有行爲能力，⑷使他人發生損害等，爲其成立要件。

特殊不法行爲，包括下述情形：

⑴無行爲能力人不法侵害他人的權利，其監督人或法定代理人所負損害賠償責任。（民法 187 條）。

⑵受僱人因執行職務，不法侵害他人的權利，僱用人所負損害賠償責任。（民法 188 條）。

⑶承攬人因執行承攬事項，不法侵害他人的權利，定作人於定作或指示有過失，所負損害賠償責任。（民法 189 條）。

⑷動物加害於他人，動物占有人所負損害賠償責任。（民法 190 條）。

⑸土地上的建築物或其他工作物，因設置或保管有欠缺，致損害他人的權利，工作物所有人所負賠償責任。（民法 191 條）。

3.責任保險契約的型態

⑴純責任保險契約

一個保險契約，僅以損害賠償責任，為保險標的。

例如：產品責任保險，電梯意外責任保險，僱主意外責任保險等。

⑵混合式保險契約

一個保險契約，包含以損害賠償責任為保險標的，及以其他保險利益（例如所有利益）為保險標的。

例如：汽車保險中的意外責任保險，核能保險中的意外責任保險，營造綜合保險中之意外責任保險，船舶保險中之碰撞責任保險（碰撞條款）等。

三、責任保險的特點

責任保險，異於火災保險、海上貨物保險等一般財產保險，其特點如下：

1.除保險人與被保險人之外，尚有身為被害人的第三人存在為前提。

一般財產保險，例如火災保險，以建築物為保險標的物，其「所有利益」為保險標的，當建築物發生火災而毀損，遭受損害的，為其所有人，即被保險人，並無第三人，保險人對被保險的損害，負賠償責任，並不及於其他第三人的損害。

又如，以貨物的「所有利益」為保險標的之海上貨物保險，當貨物因海上危險而毀損滅失，保險人亦僅對被保險人，負賠償責任。亦不及於第三人，是否存在的問題。

責任保險，保險人則對被保險人因履行損害賠償責任，所受損害，負賠償責任。因此，若無第三人存在，被保險人的損害，無從發生，則責任保險，將無由成立。

例如，汽車保險中的意外責任保險，其保險單，即載明：「第三人責任保險」(Third Party Liability Insurance)，即以「第三人」的存在，為前提。

所謂「第三人」，係就被保險人立場而言，並非有特定的對象。例如，駕駛汽車，將陌生人撞傷，該陌生人，即屬「第三人」。

2.該第三人，與被保險人，係因損害賠償責任的發生，而聯結在一起。

被保險人，與無特定對象的第三人，原無利害關係存在。但當被保險人，因其行為致使第三人遭受損害，負有賠償責任，便有利害關係存在；這種關係的存在，使被保險人與第三人，聯結在一起。

例如，上述例子，該第三人因被汽車撞傷，而與被保險人，聯結在一起。

由於該第三人，與被保險人聯結在一起，保險人的賠償責任，便與第三人受害的情形，有直接關係，此為一般財產保險，所沒有的。

3.原則上，承保起因於被保險人的過失、不法行為所致的損害賠償責任。

責任保險，以損害賠償責任，為保險標的。在形態上，責任保險係承保被保險人的過失為目的。一般財產保險，對於被保險人的故意、重大過失所引起的損害，保險人不予承擔保險責任。此亦為責任保險，與一般財產保險，不同之處。

責任保險，此一特點的形成，大致為在自由經濟發展的階段，各個人的自由交易，應受到尊重，對行為人自身無責任的行為，應避免課賦賠償義務的觀念而起。亦即受害人的行為自身應承擔

責任時，其損害，不應由他人予以負擔。

　　對於這種觀念，持反對意見的，認為責任保險，如以被保險人的故意、過失致加害於第三人時，才有請求保險給付的權利，則易助長人的不注意，有違公序良俗。此外，為加強保護受害人獲得損害賠償，責任保險可使賠償資力較弱的加害人，有能夠承擔其損害賠償責任，因此不宜限於被保險人的故意、過失加害於他人時所生損害，保險人始負賠償責任。

四、保險人的賠償責任

1.責任保險的保險事故

依財產保險的一般原則，與保險理論以言，保險人所承保危險，實際發生，即為保險事故的發生。

準此以言，責任保險則為被保險人因其行為，致使第三人發生損害，保險事故即告發生。

例如，上述例子，「被保險人開車撞傷行人」，即為保險事故的發生。

2.保險事故的發生與賠償責任

就一般而言，保險事故發生，被保險人遭受損害，原則上，保險人負有賠償責任。

然而，保險事故的發生，與保險人賠償責任的確定，事實上，並非有絕對必然性。

例如：火災，為火災保險的承保危險，保險標的物發生火災，即保險事故的發生；但火災所致損害，保險人未必有賠償責任。同樣，「被保險人開車撞傷行人」，即為保險事故的發生，但保險人對被保險人，未必有賠償責任。

3.責任保險的賠償責任

責任保險人，對被保險人的賠償責任，在何種情況下確定？可能有三種說法：

⑴被保險人負有損害賠償責任時。

被保險人，因其行爲致使第三人遭受損害，依法負有賠償責任時，保險人即有賠償責任。

例如，被保險人開車，因違規撞傷行人，對該行人負有損害賠償責任；因此保險人對被保險人，即有賠償責任。

此說，爲通說。

⑵被保險人受到求償時。

被保險人，因其行爲致使第三人遭受損害，受到該第三人請求賠償其損害時，保險人即有賠償責任。

此說，認爲責任保險在於保護被保險人因受請求權的主張所生的不利結果。至於請求權在法律上，是否眞正發生，可以不問。

就責任保險的旨趣，與被保險人獲得保護的觀點以言，此一持論，有其見解。

⑶被保險人負有損害賠償責任，並受到求償時。

被保險人，因其行爲致使第三人遭受損害，依法負有損害賠償責任；同時，受到求償時，保險人才負賠償責任。

若依法負有損害賠償責任，但未受到求償；或者，受到求償，但依法不負損害賠償責任時，保險人不負賠償責任。

我國保險法第 90 條規定：

責任保險人於被保險人對於第三人，依法應負賠償責任，而受賠償之請求時，負賠償之責。

依此條文以觀，似屬此說。

即保險人對被保險人負賠償責任的前提條件，爲「依法負有賠償責任」；其決定條件，爲「受到求償」。

4.賠償責任與費用負擔

⑴有無責任，經確定時。

設若，被保險人對於第三人所提出的請求，認爲自己並無任何責任；雙方對該項請求，乃發生爭執；經訴訟結果，被保險人獲得勝訴。被保險人在訴訟過程中，所花費的費用，又無法從原告（該第三人）收回時，將如何處理？

依上述⑴通說，被保險人不能向保險人，請求賠償，其費用由自己負擔。

因爲被保險人獲得勝訴，即依法不負損害賠償責任。則保險人自無賠償責任可言。

若將該項費用，當作損害防止費用，認爲保險人應予賠償，可能著眼於實務上的考慮。即如不予賠償，被保險人或將輕易的承受第三人的請求；或不願負擔訴訟費用，而不努力去抗辯，就其結果，保險人仍負擔了賠償責任。

然而，損害防止費用的要件，係保險事故實際上已經發生。在此，被保險人既無責任，保險事故並未發生，當無損害防止費用可言。則被保險人，自不能向保險人請求賠償該項費用。

⑵有無責任，未經確定時。

設若，受害的第三人對被保險人，提起訴訟，判決未確定前，訴訟進行中所生的費用，將如何處理？

依上述⑴、⑵的說法，在判決未確定前，被保險人的債務，並未確定，保險人應不負賠償責任。

依上述⑵說法，被保險人既「受到求償」，保險人即有賠償責

任。若被保險人勝訴，該項費用，便是被保險人「受到請求」的不利結果。並不問該項費用，就結果而言，係被主張實際上不能成立的請求權，而訴訟所支出的。

(3)實務上的處理。

實務上，宜對於判決後，被保險人勝訴時，該項費用的負擔；以及受到請求，在未判決前，費用的支出；於保險契約中，訂明處理方式。

至於未經保險人同意，被保險人逕行支付的情形；以及被保險人承認受害第三人的請求，係在迫不得已的情形下而爲者，保險人不負賠償責任的意旨，亦於契約中，予以訂明，當可防止流弊的產生。

保險人在合理而適當的情形下，能夠負擔該項費用，並協助被保險人辦理有關必要手續，不僅使被保險人獲得方便，而且使責任保險產生多一層效能。

五、責任保險的保險價額

1.無保險價額的觀念

責任保險，係以「責任利益」爲保險標的。責任利益，發生於將來，其所須承負的給付責任，也確定於將來。

因此，訂立保險契約時，被保險人於將來，究竟可能承擔多少損害，並不能評估。亦即，在訂立保險契約時，無法以金錢估計其價額。是以，責任保險在事實上，並無保險價額的觀念。

2.以保險金額爲保險價額

實務上，保險人事先安排訂定保險金額，讓被保險人衡量自己的經濟狀況、社會地位、職業身分等因素，斟酌自己遇有應負

損害賠償責任時，可能需要保險予以保障的程度，選擇其適合的保險金額，訂立保險契約。

保險人由於事先安排訂定保險金額，並釐訂其保險費或保險費率，可以控制自己的承保能力。遇有保險事故發生，在保險金額範圍內，就被保險人受到請求，應予給付金額，由保險人填補。

被保險人應給付受害者的金額，超過保險金額時，其超過部份，由被保險人自行負擔。

因此，責任保險在營運上，並無保險價額的觀念存在。

3.有無重複保險的問題

依上面所述而言，責任保險當無不足額保險、足額保險，或超額保險可言。

不過，設若有下述情況，是否有重複保險的問題存在，或許值得探討：

某甲，將其所有的汽車，向 A 保險人投保汽車保險的第三人責任保險。某甲顧慮到其保險金額，或許將來遇有給付義務發生時，不足以因應，則自己還要負擔超過保險金額部份的損害賠償。乃另外向 B 保險人訂立同樣的保險契約。在此情況下，是否構成重複保險？

形式上，幾近形成重複保險。但是，由於無保險價額的觀念與適用，就狹義的重複保險（構成要件為總保險金額超過保險價額）而言，難謂其為重複保險。

實務上，保險契約的效力如何？A、B 兩個保險人，是否均應履行填補義務，尤其被保險人應給付的金額，超過任一保險金額時，如何理賠？就理論而言，不難解決。惟實務上，似宜加以研討，並於保險契約中，訂明處理方式。

六、責任保險的種類

責任保險的種類繁多，茲舉若干種，簡述於下，供爲參考。

1.產品責任保險

產品責任保險(Products Liability Insurance)，係承保被保險人（製造商、銷售商等）所製造、經銷、出售的產品，第三人在消費或使用時，發生意外事故，受到損害，依法被保險人負有損害賠償責任，受到受害人請求賠償，被保險人因而遭受的損害。

上述「意外事故」，指因產品的缺陷，所引起的事故。

產品缺陷，指產品的瑕疵、欠缺、不能預料的傷害性質，以及對產品品質及用途的說明錯誤、不實廣告，或未予說明等。

第三人的損害，包括身體的傷害，及財物的損害。

身體的傷害，指體傷(bodily injury)，如眼睛失明、手腳傷殘、疾病(sickness)、死亡(death)。

財物的損害，指有體物(tangible property)的毀損，或喪失功用(loss of use)。

例如，十多年前，發生於臺灣中部的米糠油中毒事件，由於製造過程的失誤，米糠油含有過量的多氯聯苯，致使食用者中毒，發生難以治癒的皮膚病，嚴重傷害身體健康。

或如，日本曾有一家藥品製造業者，所生產的避孕藥，其食用者產下畸形胎兒。

又如，汽車的刹車器，在品質、裝置上有缺陷，致使駕車人因刹車失靈，而遭受損害。

再如，瓦斯爐、電視機、電力熱水爐之類產品，因其品質有

缺陷或瑕疵，致使使用人在使用時，發生爆炸等意外事故，而遭受損害。

上述情形，各該製造業者，或銷售業者，對其受害的第三人，均負有損害賠償責任。理宜投保產品責任保險。

2.電梯意外責任保險

電梯意外責任保險，承保使用電梯發生意外事故，致使乘坐或出入電梯的人，身體受到傷害、死亡，或其隨身携帶的財物受損害，依法被保險人負有損害賠償責任，受到受害人請求賠償，被保險人因而遭受的損害。

例如：電梯有缺陷，電梯門的開關，失去應有的效能，致使乘坐電梯的人，踏入電梯間，因無電梯存在而掉落摔死；或出入電梯的人，被夾住身體，電梯却不能停止，而繼續運作，致人受傷、死亡等。均屬電梯責任保險的範疇。

3.公共意外責任保險

公共意外責任保險，承保被保險人或其受僱人，在其營業處所內，因經營業務的疏忽或過失，以及營業處所的建築物、通道、機器，或其他工作物，因設置、保養，或管理有所欠缺，而發生意外事故，致使第三人身體受到傷害、死亡，或財物受到損害，依法被保險人負有損害賠償責任，受到受害人請求賠償，被保險人因而遭受的損害。

本保險的承保對象，有官署、公私企業、事務所、店舖、學校、工廠、旅館業、飲食業、浴室業、理髮業、遊藝及娛樂場所等。

身為第三人的顧客等，進出這些場所，如因其業務上的過失，或設備上的缺陷，發生意外事故而遭受損害時，業主負有損害賠

償責任。

例如：⑴遊客搭坐遊樂設備，尚未完成完全準備，電源即行起動，致遊客摔傷、死亡。⑵進入旅館的旅客，因地板過於滑溜，致跌倒受傷。⑶旅館從業人員疏忽，又因設備有缺陷，發生火災時，不能有效防止或減少火勢，成為大火災，致使旅客受傷、死亡，財物受損害等。

這些業主，均應負損害賠償責任。宜投保公共意外責任保險。

4.僱主意外責任保險

僱主意外責任保險，承保被保險人（僱主）的受僱人，因執行職務發生意外事故，致身體受到傷害，或死亡，依法被保險人負有損害賠償責任，受到受害人（受僱人）請求賠償，被保險人因而遭受的損害。

本保險的承保對象，有官署、學校、金融業、公私企業、教堂、寺院、店舖、醫院、旅館、餐館、俱樂部、工廠、農場、林場、礦場、遊藝及娛樂場所等。

例如，十年前，臺北市內湖區福田煤礦發生災變，數人死亡，三十餘人受傷。其僱主對受傷、死亡的受僱人，負有損害賠償責任。

5.營繕承包人公共意外責任保險

本保險，承保被保險人（營造商）或其受僱人在施工處所，因執行承包的營繕業務，發生意外事故，致第三人身體受到傷害、死亡，或財物受到損害，依法被保險人負有損害賠償責任，受到受害人請求賠償，被保險人因而遭受的損害。

本保險承保的對象，為承包各種營繕工程（有營業執照）的承包人，即所謂營造商。

例如，建造房屋時，器物掉落打傷、打死行人(第三人)；或其工程一部份倒塌、陷落，致鄰近房屋、財物（第三人所有）受到損害等；該工程的承包人，對第三人的損害，皆負有賠償責任。

6.高爾夫球員責任保險

本保險，承保被保險人（高爾夫球員）參加高爾夫球運動，發生意外事故，致第三人身體受到傷害、死亡，或財物受損害，依法被保險人負有損害賠償責任，受到受害人求償，被保險人因而遭受的損害。

此外，在球場運動期間內，置存於球場保管處所內的衣物、球具，因火災、雪雹、竊盜所致損害；以及參加運動時，所使用的球桿破裂、折斷所致損害；亦包括在承保範圍內。此一部份，類似前述「高爾夫球具流動保險」(Golfer's Equipment Floater)。

7.醫師業務責任保險

本保險，承保被保險人（醫師）執行醫師業務，因疏忽或錯誤的診療，直接致受診療的人，身體受到傷害，或死亡，依法被保險人負有損害賠償責任，受到受害人請求賠償，被保險人因而遭受的損害。

例如：開刀後縫合時，有器物遺留體內，或疏忽未作適當防護措施(如消毒、消炎)，致患者受到另外的傷害，或因而引起死亡；或手術時，在醫療上發生錯誤(如輸血血型錯誤)，致患者死亡等；醫師皆負有損害賠償責任。

8.會計師責任保險

本保險，承保被保險人（會計師、合夥人及其助理人）於執行會計師業務時，因過失、錯誤，或疏漏行為，而違反其業務上

應盡的責任及義務，致第三人(委託人及其他利害關係人)，遭受財務損害(financial loss)，依法被保險人負有損害賠償責任，受到受害人請求賠償，被保險人因而遭受的損害。

9.律師責任保險

本保險，承保被保險人（律師、合夥人及其助理人）於執行律師業務時，因過失、錯誤，或疏漏行爲，而違反其業務上應盡的責任及義務，致第三人受有損害，依法被保險人負有賠償責任，受到受害人請求賠償，被保險人因而遭受的損害。

10.貨物運送人責任保險

本保險，承保被保險人（運送業）所運送的貨物，於正常運送途中，因意外事故所致毀損，依法被保險人負有損害賠償責任，受到受害人請求賠償，被保險人因而遭受的損害。

11.意外污染責任保險

本保險，承保工廠、礦區、設備在煉製、生產、鑽探等作業過程中，或各項產品、原料在儲存中，或經由內陸運輸工具、輸送管線在運輸、輸送途中，發生突發而不可預料的意外污染事故，致第三人身體受到傷害，或財物受到損害，依法被保險人負有損害賠償責任，受到受害人請求賠償，被保險人因而遭受的損害。

第五節　其他意外保險

此處所謂「其他意外保險」，指前述航空保險、內陸運送保險、汽車保險、責任保險之外，其他屬於「意外保險」範疇的保險而言。種類繁多，僅簡述若干種如下：

一、員工信用保證保險

1.被保險人

本保險，以公私企業、金融機構、政府機關、人民團體等，為承保對象。並以這類機構，為被保險人。

2.被保證員工

本保險，以被保險人正式聘僱，從事規則性工作，受人事管理約束，領受正式薪資的員工，為「被保證員工」。

3.保險關係

保險人，相當於「保證人」；被保證員工，即「被保證人」；被保險人，為接受「保證」的人；保險單，相當於「保證書」。

4.承保內容

被保險人所有的財產，或依法應由被保險人負責的財產，或以任何名義由被保險人保管的財產，因被保證員工的詐欺，或不誠實行為，所致損害，保險人對被保險人，負賠償責任。

所謂「詐欺或不誠實行為」，指構成刑法上犯罪行為而言。例如：被保證員工挪用公款，竊取財物等。

被保險人的財產，包括貨幣、票據、有價證券、房地契約，及其他有體財物等在內。

5.疏忽險

本保險的被保險人，如為金融機構，可於投保本保險後，另行加保「疏忽險」。

經加保「疏忽險」，凡被保證員工執行職務，因疏忽致被保險人遭受直接損害時，保險人負賠償責任。

所謂「疏忽」，指被保證員工依照被保險人所訂定作業程序或

規章作業，於工作時欠缺應有的注意。即就其職責上應注意，能注意，而疏於相當必要的注意而言。

例如，被保證員工，將某甲提取的款項，因疏忽交付給其他取款人，所致損害，則屬「疏忽險」的承保範圍。

6.短鈔損失險

被保險人加保「短鈔損失險」，則被保證員工辦理出納或存款收付工作時，因錯誤或疏忽發生現金短少，所致損害，保險人負賠償責任。

例如，收取款項時，誤將 100 元鈔，當作 500 元鈔收入，或張數點算錯誤而短少，遭受損害，屬「短鈔損失險」的承保範圍。

二、工程保證保險

1.工程押標金保證保險

承保被保險人（業主）因投標人於得標後，不依投標須知或其他有關規定，簽訂工程契約所致損害。

2.工程履約保證保險

承保被保險人（業主）因承包人不履行工程契約所致損害。

3.工程預付款保證保險

承保被保險人（業主）因承包人不履行工程契約，致工程預付款無法扣回所致損害。

4.工程保留款保證保險

承保被保險人（業主）因承包人不履行工程契約，致已領取的工程保留款無法扣回所致損害。

5.工程保固保證保險

承保被保險人（業主）因承包人不履行工程契約規定的保固

或養護責任所致損害。

三、營造綜合保險

　　1.保險標的物

　　本保險，以建築物、港口、機場、隧道、水庫等營建工程，為保險標的物。

　　此外，為營建工程的進行，所架設的附屬工程，或臨時工程，以及工程開始後，工程上所需要的一切材料，機具設備及其他物品，均可包括於保險標的物範圍內。

　　營建工程中，如有安裝工程，或土木工程，其金額在總工程金額50%以下者，可包括於營建工程中，為保險標的物。

　　2.保險標的

　　以營建工程及有關財物本身損害的「所有利益」，與對第三人負有損害賠償責任的「責任利益」，為保險標的。

　　「責任利益」，單獨投保時，即為前述「營繕承包人公共意外責任保險」。

　　3.承保內容

　　⑴承保危險

　　本保險的承保危險內容，屬「全險」（All Risks）。包括火災及其他意外事故，即除保險單上規定，不予承保危險外，均包括在內。

　　但颱風、洪水、地震等，較巨大的危險，多採附加的方式，予以承保。

　　⑵承保損害

　　營建工程承包人，因意外事故發生，致保險標的物毀損；以

及致第三人身體受到損害，死亡，或財物受損害，依法被保險人負有損害賠償責任，受到受害人請求賠償，被保險人因而遭受的損害；保險人負賠償責任。

四、安裝工程綜合保險

1.保險標的物

本保險，以安裝工程爲保險標的物。其內容，大致如下：

(1)各種機器、器具、設備的安裝工程。

例如：發電機、變壓機、渦輪、壓縮機、起重機、昇降機、冷暖機設備、各種原動機器、生產機器、製造機器等工程。

(2)各種鋼鐵或其他金屬構造物等工程。

例如：鋼鐵橋樑、鐵塔、鐵槽、屋樑等工程。

2.保險標的

本保險的保險標的，猶如「營造綜合保險」，以安裝工程，及有關財物本身損害的「所有利益」，與對第三人負有損害賠償責任的「責任利益」，爲保險標的。

以「所有利益」爲保險標的者，稱爲安裝工程損失險。

以「責任利益」爲保險標的者，稱爲第三人意外責任保險。

3.承保內容

本保險的承保危險，及承保損害與「營造綜合保險」相同。

4.被保險人

本保險，以安裝工程承包人爲被保險人。

承包工程者，爲自身企業的安全，與保障受害人的權益，宜重視這方面的災害，並妥善利用有關保險。這也是進步的社會，應該有的觀念與措施。

五、資訊系統不法行爲保險

本保險，承保下列事由所致損害。

1.資訊的不法輸入、竄改，或銷毀

被保險人及其員工以外之人，爲使自己或他人獲得財產上的利益，或意圖使被保險人發生損害，以不法行爲，將不實資料輸入被保險人的資訊系統、電子資金移轉系統、服務中心的資訊系統、顧客通訊系統；或將這些系統所儲存或所運用的資料，加以竄改、銷毀；或經由資料通訊線路，對被保險人或服務中心的資訊系統傳送過程中，作不法的輸入；致被保險人移轉或交付資金或財產，或授信、轉帳或給付其他具有金錢價值的對價，而遭受損害。

2.電腦指令的僞造或變造

被保險人及其員工以外之人，因意圖不當利得，僞造或不法變造電腦指令，致被保險人移轉或交付資金或財產，或授信、轉帳或給付任何具有金錢價值的對價，而遭受損害。

3.電子資料及軟體的毀損滅失

儲存於被保險人或服務中心資訊系統體系內的電子資料，因遭被保險人及員工以外之人，惡意毀損所致損害；以及裝置於被保險人營業處所內或運送中的電子資料處理媒體，因被竊盜、搶刧所致損害。

4.電子訊息的誤傳或竄改等

除上述外，還有(1)電子訊息的誤傳或竄改，(2)資訊系統服務的失誤，(3)電子傳送的導誤，(4)口頭指令的僞造等所致損害。

六、竊盜保險

1.保險標的物

竊盜保險，以動產爲保險標的物。

在保險標的物範圍內的動產，因竊盜所致損害，保險人負賠償責任。

保險標的物，不包括下列物品：

車輛、勳章、獎章、印章、證書、帳簿、許可證、執照、權利證書、古董、彫刻品、手稿、珍本、圖案、樣品、商品、模型、字畫、契據、股票、有價證券、硬幣、鈔票、印花、郵票、牲畜、家禽，及食用品等。

這些物品，或屬道德危險較高，或難有客觀價值標準的物品，或屬非一般物品。

2.承保對象

本保險的承保對象，爲住宅、官署、學校、敎堂、醫院診所、辦公室處所等。

3.承保方式

將保險標的物，分爲普通物品，與特定物品，適用不同的保險費率，與賠償標準，予以承保。

⑴普通物品

傢俱、衣物、行李、日常用品、器具等家庭用品，以及官署、學校、敎堂、醫院、診所、辦公處所的生財器具、辦公用品等，屬於普通物品。

保險單上，不列舉普通物品名稱，及其保險金額。以概括方式，予以承保。

(2)特定物品

將普通物品，或不包括在普通物品範圍內的物品，如珠寶、鐘錶、項鍊、手鐲、寶石、首飾、金器、銀器、皮貨等貴重物品，在保險單上，訂明物品名稱，及其保險金額，為特定物品。

(3)賠償標準

普通物品的賠償金額，以普通物品的總保險金額的若干百分比（例如2%、5%），或一定金額（例如2,000元、5,000元）為限。

特定物品的賠償金額，以個別訂明物品名稱的保險金額為限。

4.承保危險

本保險的承保危險，為竊盜。

「竊盜」，指企圖獲取不法利益，侵入他人管理的處所，從事竊取，或奪取的行為。

「侵入」，當屬「不法侵入」。即無故侵入他人管理的處所。「無故」，即無正當理由。

例如：(1)經同意由大門進入庭院，未經同意擅自進入屋內。(2)在營業時間內進入店內，進行暴行、脅迫的行為。(3)進入屋內後，被要求退去，而不聽從。(4)以虛偽的藉口，進入屋內等。均屬不法侵入。

5.承保的損害

竊盜保險所承保的損害，為竊盜直接所致損害。

例如，新娘禮服被竊，為如期進行婚禮，需要租借禮服時，保險人僅就被竊禮服，負賠償責任。對另行租借禮服，所需租金，不負賠償責任。

三民大專用書書目——國父遺教

三民大專用書書目——經濟・財政

財政學表解	顧 書 桂 著	
財務行政（含財務會審法規）	莊 義 雄 著	成 功 大 學
商用英文	張 錦 源 著	政 治 大 學
商用英文	程 振 粵 著	前臺灣大學
商用英文	黃 正 興 著	實 踐 大 學
實用商業美語Ⅰ——實況模擬	杉 田 敏 著 張 錦 源校譯	政 治 大 學
實用商業美語Ⅰ——實況模擬（錄音帶）	杉 田 敏 著 張 錦 源校譯	政 治 大 學
實用商業美語Ⅱ——實況模擬	杉 田 敏 著 張 錦 源校譯	政 治 大 學
實用商業美語Ⅱ——實況模擬（錄音帶）	杉 田 敏 著 張 錦 源校譯	政 治 大 學
實用商業美語Ⅲ——實況模擬	杉 田 敏 著 張 錦 源校譯	政 治 大 學
實用商業美語Ⅲ——實況模擬（錄音帶）	杉 田 敏 著 張 錦 源校譯	政 治 大 學
國際商務契約——實用中英對照範例集	陳 春 山 著	中 興 大 學
貿易契約理論與實務	張 錦 源 著	政 治 大 學
貿易英文實務	張 錦 源 著	政 治 大 學
貿易英文實務習題	張 錦 源 著	政 治 大 學
貿易英文實務題解	張 錦 源 著	政 治 大 學
信用狀理論與實務	蕭 啟 賢 著	輔 仁 大 學
信用狀理論與實務 　　——國際商業信用證實務	張 錦 源 著	政 治 大 學
國際貿易	李 穎 吾 著	前臺灣大學
國際貿易	陳 正 順 著	臺 灣 大 學
國際貿易概要	何 顯 重 著	
國際貿易實務詳論（精）	張 錦 源 著	政 治 大 學
國際貿易實務（增訂新版）	羅 慶 龍 著	逢 甲 大 學
國際貿易實務新論	張 錦 源 著 康 蕙 芬	政 治 大 學
國際貿易實務新論題解	張 錦 源 著 康 蕙 芬	政 治 大 學
國際貿易理論與政策（增訂新版）	歐陽 勛 編著 黃 仁 德	政 治 大 學
國際貿易原理與政策	黃 仁 德 著	政 治 大 學
國際貿易原理與政策	康 信 鴻 著	成 功 大 學
國際貿易政策概論	余 德 培 著	東 吳 大 學
國際貿易論	李 厚 高 著	國 策 顧 問

三民大專用書書目——會計・審計・統計

書名	著者		學校
財務報表分析題解	李祖培	著	中興大學
稅務會計（最新版）	卓敏枝、盧聯生、莊傳成	著	臺灣大學、輔仁大學、文化大學
珠算學（上）（下）	邱英弘	著	臺中商專
珠算學（上）（下）	楊渠約	著	
商業簿記（上）（下）	盛禮文	著	淡水工商管理學院
審計學	殷文俊	著	政治大學
商用統計學	顏月珠	著	臺灣大學
商用統計學題解	顏月珠	著	臺灣大學
商用統計學	劉一然	著	舊金山州立大學
統計學	成灝松	著	臺中商專
統計學	柴松林	著	交通大學
統計學	劉南溟	著	臺灣大學
統計學	張浩鈞	著	臺灣大學
統計學	楊維哲	著	臺灣大學
統計學（上）（下）	張健邦	著	政治大學
統計學題解	張素梅、張健邦	校訂	臺灣大學
現代統計學	顏月珠	著	臺灣大學
現代統計學題解	顏月珠	著	臺灣大學
統計學	顏月珠	著	臺灣大學
統計學題解	顏月珠	著	臺灣大學
推理統計學	張碧波	著	銘傳大學
應用數理統計學	顏月珠	著	臺灣大學
統計製圖學	宋汝濬	著	臺中商專
統計概念與方法	戴久永	著	交通大學
統計概念與方法題解	戴久永	著	交通大學
迴歸分析	吳宗正	著	成功大學
變異數分析	呂金河	著	成功大學
多變量分析	張健全	著	成功大學
抽樣方法	儲全滋	著	成功大學
抽樣方法——理論與實務	鄭光甫、韋端	著	中央大學、主計處
商情預測	鄭碧	著	成功大學

三民大專用書書目——行政・管理

書名	作者		服務機關
行政學（修訂版）	張潤書	著	政治大學
行政學	左潞生	著	前中興大學
行政學	吳瓊恩	著	政治大學
行政學新論	張金鑑	著	前政治大學
行政學概要	左潞生	著	前中興大學
行政管理學	傅肅良	著	前中興大學
行政生態學	彭文賢	著	中央研究院
人事行政學	張金鑑	著	前政治大學
人事行政學	傅肅良	著	前中興大學
各國人事制度	傅肅良	著	前中興大學
人事行政的守與變	傅肅良	著	前中興大學
各國人事制度概要	張金鑑	著	前政治大學
現行考銓制度	陳鑑波	著	
考銓制度	傅肅良	著	前中興大學
員工考選學	傅肅良	著	前中興大學
員工訓練學	傅肅良	著	前中興大學
員工激勵學	傅肅良	著	前中興大學
交通行政	劉承漢	著	前成功大學
陸空運輸法概要	劉承漢	著	前成功大學
運輸學概要	程振粵	著	前臺灣大學
兵役理論與實務	顧傳型	著	
行為管理論	林安弘	著	德明商專
組織行為學	高尚仁 伍錫康	著	香港大學
組織行為學	藍采風 廖榮利	著	美國印第安那大學 臺灣大學
組織原理	彭文賢	著	中央研究院
組織結構	彭文賢	著	中央研究院
組織行為管理	龔平邦	著	前逢甲大學
行為科學概論	龔平邦	著	前逢甲大學
行為科學概論	徐道鄰	著	
行為科學與管理	徐木蘭	著	臺灣大學
實用企業管理學	解宏賓	著	中興大學
企業管理	蔣靜一	著	逢甲大學

書名	作者		服務單位
企業管理	陳定國	著	前臺灣大學
企業管理辭典	Bengt Karlöf 著 廖文志、欒斌	譯	臺灣科技大學
國際企業論	李蘭甫	著	東吳大學
企業政策	陳光華	著	交通大學
企業概論	陳定國	著	臺灣大學
管理新論	謝長宏	著	交通大學
管理概論	郭崑謨	著	中興大學
企業組織與管理	郭崑謨	著	中興大學
企業組織與管理（工商管理）	盧宗漢	著	中興大學
企業管理概要	張振宇	著	中興大學
現代企業管理	龔平邦	著	前逢甲大學
現代管理學	龔平邦	著	前逢甲大學
管理學	龔平邦	著	前逢甲大學
管理數學	謝志雄	著	東吳大學
管理數學	戴久永	著	交通大學
管理數學題解	戴久永	著	交通大學
文檔管理	張翊	著	郵政研究所
資料處理	呂執中、李明	著	成功大學
事務管理手冊	行政院新聞局	編	
現代生產管理學	劉一忠	著	舊金山州立大學
生產管理	劉漢容	著	成功大學
生產與作業管理（修訂版）	潘俊明	著	臺灣科技大學
生產與作業管理	黃峯蕙、施勵行、林秉山	著	中正大學
管理心理學	湯淑貞	譯	成功大學
品質管制（合）	柯阿銀	著	中興大學
品質管理	戴久永	著	交通大學
品質管理	徐世輝	著	臺灣科技大學
品質管理	鄭春生	著	元智大學
可靠度導論	戴久永	著	交通大學
人事管理（修訂版）	傅肅良	著	前中興大學
人力資源策略管理	何永福、楊國安	著	政治大學
作業研究	林照雄	著	輔仁大學
作業研究	楊超然	著	臺灣大學
作業研究	劉一忠	著	舊金山州立大學

書名	作者		服務單位
作業研究	廖慶榮	著	臺灣科技大學
作業研究題解	廖慶榮、廖慶麗	著	臺灣科技大學
數量方法	葉桂珍	著	成功大學
系統分析	陳進成	著	聖瑪利大學
系統分析與設計	吳宗成	著	臺灣科技大學
決策支援系統	范懿文、季延平、王存國	著	中央大學
秘書實務	黃正興	編著	實踐大學
市場調查	方世榮	著	雲林科技大學
國際匯兌	林邦充	著	長榮管理學院
國際匯兌	于政長	著	東吳大學
國際行銷管理	許士軍	著	高雄企銀
國際行銷	郭崑謨	著	中興大學
國際行銷（五專）	郭崑謨	著	中興大學
行銷學通論	龔平邦	著	前逢甲大學
行銷學（增訂新版）	江顯新	著	中興大學
行銷學	方世榮	著	雲林科技大學
行銷學	曾光華	著	中正大學
行銷管理	郭崑謨	著	中興大學
行銷管理	郭振鶴	著	東吳大學
關稅實務	張俊顯	著	淡江大學
實用國際行銷學	江顯新	著	中興大學
市場學	王德馨、江顯新	著	中興大學
市場學概要	蘇在山	著	
投資學	龔平邦	著	前逢甲大學
投資學	白俊男、吳麗瑩	著	東吳大學
投資學	徐燕山	編著	政治大學
海外投資的知識	日本輸出入銀行、海外投資研究所	著	
國際投資之技術移轉	鍾瑞江	著	東吳大學
外匯投資理財與風險（增訂新版）——外匯操作的理論與實務	李麗	著	中央銀行
財務報表分析	洪國賜、盧聯生	著	淡水工商管理學院
財務報表分析題解	洪國賜	編	淡水工商管理學院

財務報表分析	李　祖　培	著	中　興　大　學
財務管理	張　春　垚 林　炯	著	政　治　大　學
財務管理	黃　柱　權	著	前政治大學
公司理財	黃　柱　權	著	前政治大學
公司理財	文　大　熙	著	
商業自動化	王　士　峯 王　士　紘	編著	中國工商專校 淡　江　大　學

三民大專用書書目——政治・外交